"ධම්මෝ හි වාසෙට්ඨා, සෙට්ඨෝ ජනේතස්මිං
දිට්ඨේ චේව ධම්මේ, අභිසම්පරායේ ච."

වාසෙට්ඨයෙනි, මෙලොවෙහි ත්, පරලොවෙහි ත්
ජනයා අතර ධර්මය ම ශ්‍රේෂ්ඨ වෙයි !

- අග්ගඤ්ඤ සූත්‍රය - භාග්‍යවත් බුදුරජාණන් වහන්සේ

නුවණ වැඩෙන බෝසත් කථා - 33

ජාතක පොත් වහන්සේ

(කුට්ටූසක වර්ගය)

පූජ්‍ය කිරිබත්ගොඩ ඤාණානන්ද ස්වාමීන් වහන්සේ

© සියලුම හිමිකම් ඇවිරිණි.

ISBN : 978-955-687-156-2

ප්‍රථම මුද්‍රණය	:	ශ්‍රී බු.ව. 2561 ක් වූ බක් මස පුන් පොහෝ දින
සම්පාදනය	:	මහමෙව්නාව භාවනා අසපුව වඩුවාව, යටිගල්ඔළුව, පොල්ගහවෙල. දුර : 037 2244602 info@mahamevnawa.lk | www.mahamevnawa.lk

පරිගණක අකුරු සැකසුම, පිටකවර නිර්මාණය සහ ප්‍රකාශනය :
මහාමේඝ ප්‍රකාශකයෝ
වඩුවාව, යටිගල්ඔළුව, පොල්ගහවෙල.
දුර : 037 2053300, 076 8255703
mahameghapublishers@gmail.com

මුද්‍රණය	:	ලීඩ්ස් ග්‍රැෆික්ස් (පුද්.) සමාගම, අංක 356 E, පන්නිපිටිය පාර, තලවතුගොඩ. ටෙලි: 011-4301616 / 0112-796151

නුවණ වැඩෙන බෝසත් කථා - 33

ජාතක පොත් වහන්සේ

(කුටිදූසක වර්ගය)

සරල සිංහල පරිවර්තනය

**පූජ්‍ය කිරිබත්ගොඩ ඤාණානන්ද
ස්වාමීන් වහන්සේ**

මහාමේඝ
MAHAMEGHA

ප්‍රකාශනයකි

පෙරවදන

ජාතක පොත් වහන්සේ ඔබ කියවලා ඇති. කුඩා අවධියේත්, පාසලේදීත්, සරසවියේත්, පන්සලේ බණ මඩුවේත්, වෙසක් නාඩගමේත් අපි ජාතක කථා රස වින්දෙමු. නමුත් එහි සැබෑ අරුත කුමක් දැයි තේරුම් ගන්නට අප සමත් වූ වගක් නම් නොපෙනේ.

'නුවණ වැඩෙන බෝසත් කථා' නමින් ඒ ජාතක කථා ඔබේම භාෂාවෙන් ඔබට කියවන්නට ලැබෙන්නේ එයින් ඉස්මතු වන අරුතත් සමඟිනි. මෙහි අරුත් දැන එම කථාවත් මතක තබා ගෙන සත්පුරුෂ ගුණධර්ම දියුණු කර ගන්නට මහන්සි ගන්නේ නම් එය ජාතක කථාවෙන් ඔබට ලැබෙන සැබෑම ප්‍රතිඵලයයි.

හැම දෙනාටම තෙරුවන් සරණයි!

මෙයට,
ගෞතම බුදු සසුන තුළ මෙත් සිතින්,
පූජ්‍ය කිරිබත්ගොඩ ඤාණානන්ද ස්වාමීන් වහන්සේ
ශ්‍රී බුද්ධ වර්ෂ 2560 ක් වූ වෙසක් මස 31 දා

මහමෙව්නාව භාවනා අසපුව
වඩුවාව, යටිගල්ඔළුව,
පොල්ගහවෙල.

පටුන

33. කුටිදූසක වර්ගය

නමෝ තස්ස භගවතෝ අරහතෝ සම්මාසම්බුද්ධස්ස
ඒ භාග්‍යවත් අර්හත් සම්මා සම්බුදුරජාණන් වහන්සේට නමස්කාර වේවා!

01. කුටිදූසක ජාතකය

මහාකස්සප තෙරුන්ගේ කුටිය ගිනි තබා පලාගිය භික්ෂුවගේ අතීත කතාව

පින්වතුනේ, පින්වත් දරුවනේ,

මේ ලෝකයේ සත්පුරුෂයොත් ඉන්නවා, අසත්පුරුෂයොත් ඉන්නවා. සාමාන්‍යයෙන් සත්පුරුෂයාගේ ස්වභාවය නම් නිතර තමාට ලැබුණු ඇප උපකාර සිහිකරමින් සිටීමයි. නමුත් අසත්පුරුෂයා ඊට හාත්පසින්ම වෙනස්. අසත්පුරුෂයා පහර දෙන්නේ තමන්ට අත දුන් කෙනාට ම යි. තමන්ට යහපත පෙන්නා දෙන කෙනාට ම යි. අසත්පුරුෂයා හිංසා කරන්නේ තමන්ට උදව් කළ කෙනාට ම යි. අසත්පුරුෂයාගෙන් කිසිම සමාවක් නෑ. අසත්පුරුෂයෙකුට අවවාදයක් කළත්, ඔහු එය ගන්නේ නුහුරටයි. ඔහු හිතන්නේ ඔහුට බැන්නා ය, හිංසා කළා ය කියලයි. ඒ අසත්පුරුෂයාගේ හැටි.

අසත්පුරුෂයෙකුව පැවිදි කිරීම නිසා අපගේ මහා කාශ්‍යප මහරහතන් වහන්සේ බලවත් කරදරයකට පත් වුණා. මේ කතාවෙන් කියවෙන්නේ ඒ ගැනයි.

ඒ දිනවල අපගේ භාග්‍යවතුන් වහන්සේ වැඩ

වාසය කොට වදාළේ සැවැත් නුවර ජේතවනයේ.

ඔය කාලේ අපගේ මහා කස්සපයන් වහන්සේ වැඩ වාසය කළේ රජගහනුවරට ආසන්නයේ පිහිටි වනාන්තරයේ එක්තරා කුටියක. ඔය දවස්වල තරුණ භික්ෂූන් දෙනමක් අපගේ මහාකස්සපයන් වහන්සේට උපස්ථාන කළා. ඒ දෙනමගෙන් අවංකව උපස්ථාන කරන්නේ එක නමයි. අනිත් නම කරන්නේ කලින් නම කළ දේවල් තමන් කළ දේවල් හැටියට පෙන්නා කතා කිරීමයි.

අර අවංකව කටයුතු කරන නම අපගේ මහතෙරුන් වහන්සේට මුව දෝවන පැන් ආදිය සූදානම් කළ විට අනිත් නම ඉක්මනින් ගොහින් "ස්වාමීනී, පැන් සූදානම්" කියලා කියනවා.

අවංක භික්ෂු නම පාන්දරින් නැගිට කුටි මිදුල අමදිනවා. අපගේ මහතෙරුන් වහන්සේ කුටියෙන් එළියට වඩිද්දී තමනුත් හනිකට ඉදලක් අරගෙන එහාට මෙහාට ඉදල් පාරවල් ගසා මුළු මිදුල ම තමා ඇමදූ බවක් හඟවනවා.

දවසක් වත්පිළිවෙත් කරන අවංක පොඩිනම මෙහෙම සිතුවා. 'ම්... ම්... මේක හරි වැඩක් නොවැ. මෙහේ සෑම වත් පිළිවෙතක් ම මමයි කරන්නේ. මෙයා තමයි මේ සෑම දෙයක් ම තමන් කළා වගේ පෙන්නන්නේ. මේ වැඩේ හරියන්නෑ. මේ පුද්ගලයාගේ ඇත්ත ස්වභාවය පෙන්නා දෙන්ට ඕනෑ' කියලා මෙහෙම කළා.

එදා අර කපටි පොඩිනම ගමට පිණ්ඩපාතේ ගොහින් දන් වළඳා ඇවිත් තමන්ගේ කුටියේ වෙනදා

වගේ නිදාගෙන උන්නා. ඔය අතරේ අවංක පොඩිනම තෙරුන් වහන්සේට පැන්පහසු වෙන්ට වතුර උණු කරපු හැලිය නානගෙයි පිටුපසින් තිබ්බා. වෙනත් හැලියක් යාන්තමට වතුර ටිකක් දමා ලිප උඩ තිබ්බා. නිදාගෙන හිටිය කපටිනම ඇවිදින් බලද්දී ලිප උඩ වතුර හැලියේ දුම් දමනවා. දැන් එහෙනම් වතුර හොඳ හැටියට රත් වෙලා ඇත කියා සිතලා අපගේ මහා කස්සපයන් වහන්සේ ළඟට ගිහින් මෙහෙම කිව්වා. "ස්වාමීනී... ආං... නානගෙයි වතුර ලේස්ති කරලා තියෙන්නේ. දැන් වතුර රස්නෙට තියෙනවා. පැන්පහසු වෙන්ට වැඩියොත් හොඳා!"

එතකොට අපගේ මහා කස්සපයන් වහන්සේ පැන් පහසුවෙන්ට හිතාගෙන නානගෙට වැඩියා. හැලියේ පියන ඇරලා බැලුවා. "කෝ... පොඩිනම... වතුර...? කෝ මේ හැලියේ නෑ නොවැ."

කපටි නම දුවගෙන ගිනිහල්ගෙට ගියා. අර ලිප උඩ තියෙන හිස් භාජනයට උණුවතුර ගන්න ලොකු හැන්ද දැම්මා. එතකොට සාරාස් කියලා ශබ්දයක් ආවා. දැන් මොහුට කර කියා ගන්ට දෙයක් නැතිව වටපිට බලනවා. ඒ වෙලාවේ අවංක පොඩිනම නානාගෙයි පිටුපස තිබුනු රත් වූ වතුර හැලියෙන් වතුර ගෙනැවිත් "ස්වාමීනී, මේං වතුර තියෙනවා පැන්පහසු වෙන්ට" කියා කිව්වා. අපගේ මහාකස්සපයන් වහන්සේ පැන්පහසු වුනා.

එදා හැන්දෑවේ මේ දෙනම තෙරුන් වහන්සේට වන්දනා කරන්ට පැමිණියා. තෙරුන්නාන්සේ මෙහෙම අවවාද කළා. "ඇවැත්නි, මහණුන්නාන්සේලා ඔහොම වැඩ කරන්නේ නෑ. අනුන් විසින් කළ දේවල් තමන් කළ

විදිහට හඟවා කතා කිරීමෙන් වෙන්නේ දැන දැන බොරු කීමේ වරදට පැමිණීමයි. තමන් කළ දේ විතරක් තමන් කළා ය කීවාට කමක් නෑ. ඒ නිසා මින් මනත ආයෙත් නම් ඔවැනි කපටි වැඩ කරන්ට එපා."

එතකොට කපටි නමගේ මුහුණ හතරැස් වුනා. පුම්බා ගත්තා. බිමට රවාගත්තා. 'හහ්... ඕකට ඔය තරම් කෑ ගහන්ට දෙයක් තියේ යැ' කියලා හිතමින් තමන්ගේ ආචාර්යපාදයන් කෙරෙහි කිපුනා. වචනයක් කතා කළේ නෑ. බිමට රවාගෙන ම කඳුළු පුරෝගෙන තමන්ගේ කුටියට ගොහින් දොර වසාගත්තා. පසුවදා අපගේ මහතෙරුන් වහන්සේ පිඬු සිඟා වඩිද්දී උන්වහන්සේත් එක්ක පිඬු සිඟා ගියෙත් නෑ. තෙරුන් වහන්සේ අනිත් නමත් එක්ක ගමට වැඩියා.

කපටි නම වෙනම ගියා මහතෙරුන්ගේ හිතවත් දායක නිවසකට. "ස්වාමීනී, අපගේ තෙරුන්නාන්සේ කොයි?"

"අනේ පින්වත්ති, උන්නාන්සේට හොඳටෝම අසනීපයි. අද පිණ්ඩපාතේ වැඩියේ නෑ. කුටියේ ම නැවතී උන්නා."

"ඕ... හෝ... එහෙනම් ස්වාමීනී, අපි උන්නාන්සේට මොනවාහරි විශේෂයෙක් හදා දෙන්ට ඕනෑ. උන්නාන්සේට දානෙට මොන වාගේ දේවල් ලැබුනොත් ද හොඳ?"

"පින්වත්ති... එහෙනම්... මේං මේ ජාති තියේ නම් හදා දෙන්ට."

එතකොට ඒ මිනිස්සු කපටි පොඩිනමගේ බසට අනුව ප්‍රණීතව දානය සකසා මහාකස්සපයන් වහන්සේට

පුදන්ට කියා වෙනමත් දානය දුන්නා. මොහු ඒ දානයත් අරගෙන තමන්ට නිස්කාංසුවේ වළඳින්ට ඇහැක් තැනකට ගොහින් කුස පුරා වැළඳුවා. තමන්ගේ කුටියට ගොසින් දොර වසාගත්තා. පසුවදා අපගේ මහාකස්සපයන් වහන්සේ මේ කිසිවක් නොදැන ඒ දායකයාගේ ගෙදරට ම පිණ්ඩපාතේ වැඩියා. උන්වහන්සේව දුටු දායක නිවැසියෝ බොහෝ සතුටට පත් වුනා. "අනේ ස්වාමීනී, ඔබවහන්සේ ඉක්මනින් සුවපත් වූ එක ගොඩාක් හොඳා. අසනීපය වැඩිකොමට ඊයේ පිණ්ඩපාතේ වඩින්ට පවා බැරිව කුටියේ ම හිටි වග මෙහෙ වැඩි අසවල් පොඩි නමගෙන් තමයි අපි දැනගත්තේ. ඉතින් අපිත් හනිකට දානෙ ලකලේස්ති කොරලා හිටං පොඩිනමගේ අත ම එව්වා. අපගේ ආර්යයන් වහන්සේ දන් වළඳන්ට ඇති නොවැ."

අපගේ මහකස්සපයන් වහන්සේ කිසි පිළිතුරක් නොදී නිශ්ශබ්දව වැඩහිඳ දන් වළඳා ආපසු කුටියට වැඩියා. එදා සවස මේ දෙනම මහකස්සපයන් වහන්සේට වන්දනා කරන්ට ආවා. තෙරුන් වහන්සේ අවවාද කළා.

"ඈ... පොඩි උන්නාන්සේ... මොකක්ද අර ඊයේ කළ වැඩේ? මහණුන්නාන්සේ කෙනෙක්ට ගැලපෙන දෙයක් ද. අසවල් ගෙදරට ගොහින් මටත් අසනීප ය, කුටියෙ ඇතුළටම වෙලා ඉන්නවා ය කියලා බේගලුත් කියලා හිට මට දානෙට මේ මේ දේවල් හදා දෙන්ට ය කියා මගේ නමින් දානෙත් ඉල්ලාගෙන ගොහින් අනුභව කරලා. මේ විදිහට තමුන්ට ආසා දේවල් ඉල්ලාගෙන කන බොන එක හරි ද? මීට පස්සේ ඔය විදිහට අශීලාචාර වැඩ කරන්ට එපා ඕං..."

එතකොට ඒ අසත්පුරුෂ භික්ෂුව දෑස්වල කඳුළු පුරෝගත්තා. දත්කුරු සපමින් බිම බලාගෙන ඉඳලා වේගයෙන් කුටියට ගියා. දොර වසාගත්තා. කල්පනා කරන්ට පටන් ගත්තා.

'හහ්... එක එකාගෙන් කේළාම් අහලා පෙරේදා හැලියේ වතුර ඩිංගිත්තක් අල්ලගෙන මට හොඳටෝම බැන්නා. මං ඒත් ඉවසුවා. දැන් ඊළඟ එකේ වාඩුව ගන්ට ආයෙමත් මට දෝස්මුරේ තියන්ට පටන්ගත්තා. උන්නාන්සේගේ දායක පවුලකින් මාත් බත් ටිකක් කෑවා කියලා මහා අසහනයට පත්වෙලා ආයෙමත් මගෙන් පළිගත් හැටි...! හහ්... හොඳයිකෝ...! කළයුත්ත මං නොවැ දන්නේ..." කියා ක්‍රෝධයෙන් පුපුර පුපුරා නින්දක් නැතිව එළිවෙනකල් හිටියා.

අපගේ මහාකස්සපයන් වහන්සේ සියලු සතුන් කෙරෙහි මහත් දයානුකම්පාවෙන් යුතුව මෙත් සිත් පතුරමින් පසුවදා උදේ අනික් පොඩිනමත් සමඟ පිඬු සිඟා වැඩියා. එතකොට අර අසත්පුරුෂ භික්ෂුව ලොකු මුගුරක් අරගෙන ඇවිත් අපගේ මහරහතන් වහන්සේගේ ප්‍රයෝජනයට ගන්ට තිබෙන සෑම භාජනයක් ම බිඳ දමා බඩු මුට්ටු කුඩු කර දමා මහරහතන් වහන්සේගේ කුටියත් ගිනි තියලා සිවුරු හැරලා ගියා. කාලයක් එහෙ මෙහෙ ඇවිද ඇවිද කල් ගත කරලා මනුස්ස ප්‍රේතයෙක් වගේ කෙට්ටු වෙලා ගිහින් මැරිලා ගියා. අවීචි මහා නරකාදියේ උපන්නා. ඒ අසත්පුරුෂ භික්ෂුව කළ පව්කාර වැඩේ මුළු රජගහනුවරට ම දැනගන්ට ලැබුනා.

දවසක් රජගහනුවරින් පිටත් වූ භික්ෂුවක් සැවැත් නුවර ජේතවනයට ගොහින් අපගේ භාග්‍යවතුන්

වහන්සේව බැහැදැක වන්දනා කළා. භාග්‍යවතුන් වහන්සේ මෙසේ අසා වදාළා.

"භික්ෂුව, ඔබ ආවේ කොයි පැත්තේ සිට ද?"

"ස්වාමීනී... මං රජගහනුවර ඉඳලයි මේ ආවේ."

"හොඳා... බොහෝම හොඳා... එතකොට භික්ෂුව ඔබට අවවාද අනුශාසනා කරන ගුරුවරයා කවුද?"

"ස්වාමීනී, අපගේ මහාකස්සපයන් වහන්සේ තමයි."

"භික්ෂුව, කොහොමද අපගේ මහා කස්සපයෝ සුවසේ ඉන්නවා ද?"

"එහෙමයි ස්වාමීනී, අපගේ මහාකස්සපයන් වහන්සේ සුවසේ වැඩ ඉන්නවා. නමුත් ස්වාමීනී, උන්නාන්සේට අසත්පුරුෂ ගෝල භික්ෂුවකගෙන් මහා අකරතැබ්බයක් වුනා. ඒ අසත්පුරුෂ ගෝලයාට යහපතට උපකාරී වන අවවාදයක් කළා. ඒ අවවාදයෙන් තමන්ට බැන්නා ය කියා ඒ ගෝලනම වෛර බැඳගත්තා. අපගේ මහතෙරිඳුන් වහන්සේ ගමට පිඬුසිඟා වැඩි වේලේ කුටියේ තිබුන ඔක්කෝම බඩු මුට්ටු මුගුරකින් ගසා කුඩුපට්ටම් කරල හිටං මහතෙරිඳුන්ට වැඩ ඉන්ට තිබුනු කුටියත් ගිනි තියලා සිවුරු හැරලා පැනලා ගියා.

"භික්ෂුව... ඔවැනි අසත්පුරුෂ බාලයන් සමඟ එකට ජීවත් වෙනවාට වඩා තනියම ජීවත් වීම ම යි උතුම්" කියා අපගේ භාග්‍යවතුන් වහන්සේ ධම්මපදයේ සඳහන් මේ ගාථාව වදාළා.

"තමාගෙ ඇසුරට උතුම් කෙනෙකු හෝ -
තමා වැනි ම කෙනෙකුන් නොලැබේ නම්
තනියම ජීවත්වෙන එක ම යි -
දැඩිව ම කරගත යුත්තේ
අසත්පුරුෂයන් සමඟින් -
ඇසුරක් නම් ඕනෑ ම නැත"

මෙසේ වදාළ භාග්‍යවතුන් වහන්සේ භික්ෂූන් අමතා මෙය වදාළා. "මහණෙනි, ඔය පුද්ගලයා මේ ආත්මේ විතරක් කුටියක් ගිනි තියා විනාශ කළා නොවේ. තමන්ගේ යහපතට අවවාද කළ කෙනාගේ කුටිය කලින් ආත්මෙකත් විනාශ කළා."

"අනේ... ස්වාමීනී... ඒ පුද්ගලයා කලින් ආත්මෙක කළ ඒ අපරාධය ගැන අපට වදාරණ සේක්වා" කියා භික්ෂූන් වහන්සේලා අපගේ භාග්‍යවතුන් වහන්සේගෙන් ඉල්ලා සිටියා. භාග්‍යවතුන් වහන්සේ මේ අතීත කතාව ගෙනහැර දක්වා වදාළා.

"මහණෙනි, ගොඩාක් ඉස්සර කාලෙක බරණැස්පුරේ බ්‍රහ්මදත්ත නමින් රජ්ජුරු කෙනෙක් රාජ්‍ය විචාරමින් සිටියා. ඔය කාලේ මහාබෝධිසත්වයෝ කොණ්ඩ කුරුල්ලෙක් වෙලා ඉපදිලා හිටියා. ඉතින් මේ කොණ්ඩකුරුල්ලා තමා උදෙසා වැස්සට නොතෙමෙන හරි අගේ ඇති කැදැල්ලක් තනාගෙන එහි වාසය කළා.

දවසක් වනාන්තරේ මහා වැස්ස ඇදහැලෙද්දී එක්තරා රිළවෙක් අර කොණ්ඩකුරුල්ලාට නුදුරින් හොඳටෝම සීතලේ ගැහෙමින් තට තට ගා දත් සොලවමින් ඉතාමත් අමාරුවෙන් අත්තක වාඩි වී උන්නා. මේ රිළවා වැස්සෙන් දුක් විඳීම ගැන කොණ්ඩකුරුල්ලාට ගොඩාක්

දුක හිතුනා. 'අනේ මෙයාත් ඉන්ට තැනක් හදාගන්නවා නම් හොඳයි' කියන අදහසින් රිළවාට මෙහෙම කිව්වා.

(1)

අනේ වඳුර ඔයා හටත් මිනිහෙකුට ම වාගේ
ඔළුවක් හා දෙපා දෙඅත් හොඳට තියෙනවා නේ
පෙනුමෙන් නම් හිටියත් ඔබ මනුස්සයෙක් වාගේ
ගෙයක් දොරක් ඉන්ට තැනක් ඔයාට නම් නැනේ

කොණ්ඩකුරුල්ලාගේ මේ ගාථාව ඇසූ රිළවා මේ ගාථාවෙන් පිළිතුරු දුන්නා.

(2)

දෙපා දෙඅත් හා ඔළුවක් මිනිසුන් හට වාගේ
තිබුනත් මට යම් පෙනුමක් මනුස්සයෙක් වාගේ
මිනිසුන් ළඟ හිතාමතා වැඩ කළ හැකි
- නුවණ තියෙනවා නේ
ගෙයක් දොරක් තියෙන්ට මට
- එහෙම නුවණ නැනේ

එතකොට කොණ්ඩකුරුල්ලා මේ රිළවාව ගෙයක් හදාගන්ට උනන්දු කරවන්ට මේ ගාථාවන් පැවසුවා.

(3)

එක වැඩකට ඔබගේ සිත යොදවගන්ට බැරි නිසා
මිත්‍රද්‍රෝහී ගතියෙන් ඔබ දිවි ගෙවනා නිසා
හැම කාලෙම රැකගන්නට සීලයකුත් නැති නිසා
නුවණක් පිහිටා නැත්තේ ඔබහට එකරුණ නිසා

(4)

ඔබේ දුසිල් වැඩ නවතා යහපත් වී සිටි විට
සිල්වත් දිවියක් ගෙවමින් සන්සුන් සිත් ඇති විට

සීත සුළං වැසි නොවදින ගෙයකට සිත යොමුකොට
වඳුර ඔබට හැකි තනන්ට ඉන්ට තැනක් එම විට

මේ අවවාදය ඇසූ රිළවා එය පිළිගැනීම වෙනුවට කුරුල්ලා ගැන වෛරයක් ඇති කරගත්තා. 'හොහ්... මේකා මොකාද...? මේකා නොතෙමෙන විදිහට ඉන්ට තැනක් හදාගෙන ඉන්න නිසා වෙන්ටැති මට මේ නින්දා අපහාස කොරන්නේ. හිටපිය... මං තොට ඔය කූඩුවේ සුවසේ ලැගලා ඉන්ට තියන්නෙ නෑ' කියලා පැනපු ගමන් බෝධිසත්වයන්ව අල්ලාගන්ට බැලුවා. එතකොට බෝධිසත්වයෝ අහසට පැන නැගී වෙනත් තැනකට ඉගිල ගියා. රිළවා කෝපයට පත් වෙලා කුරුල්ලා ලැග සිටිය කූඩුව කැලිවලට කුඩු පට්ටම් කොට විනාශ කළා.

මහණෙනි, එදා තමාට අවවාද දුන් කුරුල්ලාගේ කූඩුව විනාශ කළ රිළවා වෙලා සිටියේ අපගේ කස්සප සිටි කුටිය ගිනි තබා ගිය ඔය පුද්ගලයා. කොණ්ඩකුරුල්ලාව සිටියේ මම" යි කියා භාග්‍යවතුන් වහන්සේ මේ ජාතකය නිමවා වදාළා.

02. දද්දභ ජාතකය

පොළොව පෙරළීගෙන එන හඬ ඇසී පලා ගිය සාවාගේ කතාව

පින්වතුනේ, පින්වත් දරුවනේ,

ලෝකයේ බොහෝ දෙනෙක් යමක් ඇසූ දුටු පමණින් ඒ ගැන විමසා තෝරාබේරා බැලීමක් නැතිව එක්වරම පිළිගන්නවා. සමහර විට තමන් මහා බරපතල ලෙස සිතාගත් දෙය මහා බොරුවක් වෙන්ට පුළුවනි. මහා රැවටීමක් වෙන්ට පුළුවනි. එවන් අවස්ථාවක ප්‍රඥාවන්ත සත්පුරුෂයෙකුගේ උපකාරයක් නොලැබුනොත් මිත්‍යාවට රැවටී සිටින උදවිය ඒ මිත්‍යාව තුළින් ම විනාශයට පත් වෙන්ටත් ඉඩ තියෙනවා. මෙය එබඳු කතාවක්.

ඒ දිනවල අපගේ භාග්‍යවතුන් වහන්සේ වැඩ වාසය කොට වදාළේ සැවැත්නුවර ජේතවනයේ. ඔය කාලේ ජේතවනය සමීපයේ ශරීරයට නොයෙක් දුක් දෙමින් තපස්චර්යාවන් කරන බොහෝ තීර්ථක තවුසන් වාසය කළා. පුරාවට කටු ගැසූ ලෑලි තට්ටු මත ඔවුන්ගෙන් සමහර අය නිදාගෙන ඉන්නවා. තවත් සමහර අය හිසමතත් ගිනි කබලක් තියාගෙන තමා වටේත් ගිනි ගොඩවල් ගසාගෙන සිරුර තවනවා.

එදා බොහෝ භික්ෂූන් වහන්සේලා සැවැත් නුවර පිඬු සිඟා වැඩියා. ජේතවනයට ආපසු වඩින අතරමඟ කලින් කියූ ආකාරයේ නොයෙක් තපස් චර්යාවෙන් සිරුර පෙළමින් විමුක්තිය සොයන අන්‍ය තීර්ථකයන්ව දැක ගන්ට ලැබුනා. ඉතින් ඒ භික්ෂූන් භාග්‍යවතුන් වහන්සේ බැහැදැක වන්දනා කොට මෙය කියා සිටියා.

"ස්වාමීනී, භාග්‍යවතුන් වහන්ස, අපට අද ගොඩාක් තවුසන් නොයෙක් ආකාරයෙන් සිරුරට දුක් දෙමින් තපස් කරන හැටි දැකගන්ට ලැබුනා. ඔය අන්‍ය තීර්ථකයන්ගේ ව්‍රත සමාදන්වීම්වල කිසියම් ප්‍රයෝජනයක් ඔවුන්ට තියෙනවා ද?"

"මහණෙනි, ඔය වෙහෙසෙන දෙයින් ඔවුන්ට කිසිම ප්‍රයෝජනයක් නෑ. කිසිම විශේෂයක් උපදවාගන්ට බෑ. මහා බරපතල විදිහට වෙහෙස වෙවී, සොය සොයා යන්නේ වැසිකිළි වලකට යන පාරක යනවා වගේ. ඔය තීර්ථකයන්ගේ වැඩෙත් පොළොව පෙරලෙනවා ය කියා ශබ්දයට භයවෙලා දුවපු සාවාගේ කතාවට දෙවෙනි නෑ. නොසොයා නොබලා නොවිමසා කරන්නන් වාලේ අන්ධානුකරණයෙන් කිරීමක් තියෙන්නේ."

"අනේ ස්වාමීනී, ශබ්දයට භය වෙලා පොළොව පෙරලීගෙන එනවා ය කියා දිවීම ගැන කතාවක් අපි කලින් අහලා නෑ. එය අපට කියා දෙන සේක්වා!" කියා භික්ෂූන් වහන්සේලා භාග්‍යවතුන් වහන්සේගෙන් ඉල්ලා සිටියා. භාග්‍යවතුන් වහන්සේ මේ අතීත කතාව ගෙනහැර දක්වා වදාළා.

"මහණෙනි, ගොඩාක් ඉස්සර කාලෙක බරණැස් පුරේ බ්‍රහ්මදත්ත නම් රජ්ජුරු කෙනෙක් රාජ්‍ය විචාරමින්

සිටියා. ඔය කාලේ මහාබෝධිසත්වයෝ සිංහයෙක් ව ඉපදිලා මහා වනාන්තරේ වාසය කළා. ඔය දවස්වල බටහිර මුහුද අසල බෙලිගස්වලින් ද යුක්ත වූ තල්ගස් යායක් ඇති තල් වනයක් තිබුනා. ඔය වනේ එක්තරා බෙලි ගසක් යට පිහිටි තල් පැලයක සෙවනේ සාවෙක් වාසය කළා.

දවසක් මේ සාවා වනේ ඇවිද උඳුපියලිය කාලා පැන් බීලා ඇවිත් තල් ගසේ තල් කොලයක් යට හාන්සි වෙලා මෙහෙම කල්පනා කරමින් සිටියා. "අනේ හැබෑටම... බැරිවෙලාවත් මේ සා විශාල මේ මහා පොළොව පෙරලුනොත් මං දුවන්නේ කොයිබට ද?" කියලා. ඔහොම සිත සිතා ඉන්නකොටම බෙලි ගසින් මහා බෙලි ගෙඩියක් හාවා සිටිය තල් කොළය මතට දඩාං යන බිහිසුණු ශබ්දය දීගෙන වැටුනා. සාවා උඩ වීසිවෙලා බිම වැටුනා වගේ වුනා. හොඳටෝම භය බිරාන්ත වුනා. උන්නු තැනින් අහකට විසික් වුනා. මහා මරණභයක් හටගත්තා.

"හපේ අප්පෝ... මං ඉවරෝ... මහපොළොව පෙරලීගෙන එනවෝ" කියලා ඒ ගස පැත්තේවත් නොබලා එක පිම්මේ කඩාගෙන බිඳගෙන දුවන්ට පටන්ගත්තා. එතකොට අසල සිටිය තව සාවෙක් "හපොයි... ඔහේට මක් වුනැයි...? මොකෝ මේ මහා භීතියකින් පණ කඩාගෙන දුවන්නේ?" කියලා ඇහැව්වා. "මගෙන් අහන්ට නම් එපෝ... අපි විනාශයි!" කියලා හාවා දිගටම දිව්වා. "හපොයි... හපොයි... මහා භයානක විපැත්තියක් වගේ" කියලා එතකොට ඒ සාවාත් අර සාවාගේ පස්සෙන් දිව්වා. දුවන ගමන් ඇහැව්වා "අනේ කියාපං... මොකදෑ උනේ!" එතකොට සාවා මොහොතක්

ගමන වේගෙ අඩුකරලා තල්ගස පැත්ත නොබලාම "ආං අර පැත්තෙන් මහපොළොව පෙරලීගෙන එනවෝ... හයියෝ!" කියාගෙන දිව්වා. මෙය දුටු අනිත් හාවොත් හොඳටෝම භය වුනා. එක රංචුවට ම පණ කඩාගෙන දුවන්ට තියාගත්තා. මේ විදිහට දුවන හා පිරිස දහස් ගණනක් වුනා.

එතකොට මුවෙක් මෙයාලා දුවනවා බලාගෙන සිටියා. "බොලා මොකෝ මේ දුවන්නේ?" කියලා ඇහැව්වා. "හැයි... ඔය ඇහෙන් නැද්ද පොළෝ තලේ පෙරලෙනවෝ" කියාගෙන දිව්වා. එතකොට මුවාත් භයවෙලා මෙයාලත් එක්ක දුවන්ට තියාගත්තා. මහා තැතිගැනීමකින් දුවන මේ පිරිසට ඌරෙකුත් එකතු වුනා. තව ටික දුරක් යද්දී ගෝණෙකුත් එකතු වුනා. මී ගවයොත් එකතු වුනා. ගවයොත් එකතු වුනා. කැලේ සිටිය වෙනත් සිංහයෙකුත් එකතු වුනා. හස්තිරාජයෙක් මේ දුවන පිරිස දැක්කා. "හෝ... හෝ... මොකදෑ මේ පණ කඩාගෙන දුවන්නේ?" කියලා ඇහැව්වා. "පේන්නැද්ද... පොළෝ තලේ පෙරලීගෙන එනවා!" කියලා සත්තුන්ගෙන් පිළිතුරු ලැබුනා. සත්තු සේනාව එක පිම්මේ පණ කඩාගෙන දුවද්දී ඔවුන්ගේ මුළු පිරිස යොදුනක් විතර දුරට දික් වුනා.

එදා බෝධිසත්වයෝ මේ දුවගෙන යන පිරිස දිහා බලා "කොහිදෑ තොපි මේ දුවන්නේ බොලව්?" කියලා ඇසුවා. "හැයි... ඕං... මහපොළොව පෙරලෙනවා" කියාගෙන ඔවුන් නොනැවතී ගියා. බෝධිසත්වයෝ මෙහෙම හිතුවා. "ම්... ම්... ඒක කොහොමෙයි වෙන්නේ? ඒක වෙන්ට බෑ. ඔව්... මේ පොළොව පෙරලෙන්ට බෑ. කවුරුහරි මොකාක්හරි දේකට මුළාවෙලා වෙන්ට ඕනෑ.

මං මේකට මැදිහත් නූනොත් මේකුන් ඔක්කෝම දුවන්නේ මුහුද දිහාවට නොවැ. මහා විනාසයක් වේවි. මේකුන්ව බේරගන්ට ඕනෑ" කියලා වේගයෙන් දුවගෙන ගිහින් එක්තරා කඳු ගැටයකට නැගලා "හේයි... නවත්තාපියව් තොපේ ඔය දිවිල්ල!" කියලා මහා හඬින් කෑ ගසා තුන් යලක් සිංහනාද කළා. සිංහනාදයට භය වූ සියලු සත්තු හැකිලී ගොහින් නැවතුනා. සිංහයා සතුන් ළඟට ආවා.

"හා... දැන් කියාපිය... කොහෙදෑ තොපි මේ දුවන්නේ?"

"ම්... මේ... මේ... මහාපොළොව... පෙ... පෙරලෙනවාලු."

"හරි... කවුද පොළොව පෙරලෙනවා ඉස්සෙල්ලාම දැක්කෙ?"

"අපේ මේ ඇත්රාජයා දැකලා තියෙන්නේ."

"අනේ නෑ... මං නෙවි... අර සිංහයාලු දැක්කේ."

"හපොයි නෑ... මං දැක්කෙ නෑ... මට කීවෙත් මේ ව්‍යාඝ්‍රයායි."

"මට කඟවේණායි කීවේ... නැත්නම් මං මේ අලකලංචි මොකෝවත් දන්නෑ..."

"හා... මට කීවේ අර ගවයා... මේ ගවයෝ... තෝ නොවැ මට කීවේ දුවාපිය පොළෝ තලේ පෙරලෙනවා කියාලා."

"අනේ මං දන්නවා යෑ... මේ... මේ ඉන්නෙ... මේ මී ගවයා මට කීවේ..."

"මට කීවේ... ආං අර ගෝණතඩියා! මං මොකෝවත් දැනං හිටියේ නෑ."

"ඕ... උඹට මං කීවේ... මට අර හූරුමොටා කීවේ. ඒ නිසයි... මොකෝ මං දැක්කා යැ."

"අනේ මං දන්නේ නෑ මේ වගක්... ඔය ඉන්නේ මුව නාම්බා. ඕකා තමයි මේකට වග කියන්ට ඕනෑ."

"ඕං... බලාපල්ලා... තොපි මාව අල්ලාගත්තා... අනේ මං නෙවි... ඔය ඉන්නෙ ගැහ ගැහි... මේ හා රැළ... ඕකුං තමා මේ වැඩේ පටන්ගත්තේ."

"හනේ... අපි දන්නෙත් නෑ... ඔය ඉන්නේ ඇස් ගෙඩි දෙක ලොකු කොරාන, කන් උස්සාන, ගැහි ගැහී... කටින් සෙම දදා... ඕං... ඔය සාවා තමයි අපට කීවේ."

"හා... උඹද ඕක දැක්කේ... කියාපං පැටියෝ... උඹ කොහොමෙයි මේ පොළෝ තලේ පෙරලෙන හැටි දැක්කේ?"

"එහෙමයි... ස්වාමී... මං... මං... දැක්කා... හ... හප්පේ.. එහෙම භයානක දෙදුරුම්කන සද්දයක්!"

"ඕ... එහෙනම් කියාපං බලන්ට... ඒ භයානක සද්දය ඇහෙද්දී උඹ කොයිබද හිටියේ?"

"හනේ මං... මං... මහ සයුරට බටහිරින් අර... අර බෙලි ගස් මංඩියක් තියෙන්නේ... ඒක තල්වනයක් නොවැ. එතන විශාල බෙලි ගහක් තියෙනවා නොවැ. ආං එතැන තල් පැළයක් තියෙනවා ඒ තල් පැළේ තල් කොළයක් සෙවනේ මං... හාන්සි වෙලා උන්නා. හප්පේ... මං...

නිකාං... නිකමට වාගේ සිතුවේ... දැන් බැරිවෙලාවත් මහා පොළොව පෙරලුනෝතින් දුවන්නේ කොයිබද කියලා... හප්පේ එතකොටම... මේං... බලන්ට ස්වාමී... මයෙ හිරි ගඩු පිපෙන හැටි. හප්පා... එතකොටම මහා භයානක සද්දයක් දීගෙන පොළොව පෙරලෙන්ට පටන්ගත්තා නොවැ. මං පස්ස නොබලාම දුවන්ට තියාගත්තු ගමන තමයි මේ..."

"ඕ... හෝ... හරි ජංජාලයක් නොවැ උඹට වෙලා තියෙන්නේ... හා ඒකට කමක් නෑ... අනිත් තොපිලා හැමෝම ඔහෝම හිටපල්ලා... මං මේකත් එක්ක ගොහින් බලාන එඤ්ඤං. හා... හා පැංචෝ... මෙහෙවර... ම්... නැගපිය මයෙ පිටේ. හොඳට හයියෙන් කේසර අල්ලාගං... අපි දෙන්නා ගොහින් මේකේ ඇත්ත නැත්ත බලාන එන්නම්... තොපිලා විවේක ගනිල්ලා.

ඉතිං සිංහයා හාවාත් පිටේ තියාගෙන තල් වනය බලා වේගයෙන් ගියා. තල්වනයේදී හාවා බිමට බැස්සුවා. "හා... වර දැං... පෙන්නාපිය පොළොව පෙරලෙනවා දුටු තැන..."

"අනේ ස්වාමී... මට නම්... බෑ... හාපෝ... මට ඒ පැත්තට යන්ට බයායි.

"මේං... මෙහෙ වර... භය නොගෙන වර... මං ඉන්නවා නොවැ."

එතකොට සාවා ඒ බෙලිගසට ළං වෙන්ට බැරිව ඈතින් සිට "ඕං... ඔතනයි... ස්වාමී... පොළොව පෙරලෙන්ට පටන් අරන් බිහිසුණු හඬ මතුවුනේ" කියලා මේ පළමු ගාථාව කීවා.

(1). අනේ ස්වාමී මා වාසය කළේ අන්න තැන
දඩිං බිඩිං කියා පොළොව දෙදුරුම් කාගෙන
ආ තැන ම යි බිහිසුණු හඬ මතු වී ආ තැන
මං දන්නෑ අපට පාත් වී ගිය මේ හෙණ

සාවාගේ මේ කියමන ඇසූ සිංහයා බෙලි රුක යටට ගියා. හාවා හාන්සි වී සිටි තල්ගස යට හොඳට විපරම් කළා. තල් කොළය මත වැටී පොළොවට වැටුනු මහා බෙලිගෙඩියක් එතැන තියෙනවා දුටු සිංහයා හිනැහෙන්ට පටන් ගත්තා. "හිහ්... හිහ්... හී... හරි... හරි... මං කාරණාව හොයාගත්තා. "අනේ... බොලාට නම්... මොළේ ඩිංගිත්ත කුලප්පු වූ හැටි නං යසයි... හා... හා... දැන් නැගපං මයෙ පිට උඩට... කේසර හයියෙන් අල්ලා ගනිං. ඉක්මනින් යන්ට එපායැ. මෙලහකට අනිත් එවුනුත් භයට මක්කරගෙන ද දන්නෑ" කියලා හාවාත් පිටේ තියාන ආපසු හිටි තැනට ම දුවගෙන ආවා. අනිත් සත්තු සේනාව නොඉවසිල්ලෙන් මග බලාන හිටියා. සිංහයා ඇවිත් සාවා බිමට බස්සවා පිරිස ඇමතුවා.

"හහ්... හහ්... හා... හිහ්... හිහ්... හී... මේ... මේ... හා පුංචා නිදා උන්නු තල්කොළේ උඩට බෙලි ගෙඩියක් වැටිලා නොවැ. ඒ වෙලාවේ මේකා අහස පොළොව ගැටලන්ට තරමට කල්පනා කොර කොර ඉඳලා තියෙන්නේ 'හප්පෝ... දැන් බැරිවෙලාවත් මහපොළොව පෙරලීගෙන ආවොත් දුවන්නේ කොයිබද' කියලයි... හිහ් හී... එතකොට ම යි බෙලි ගසෙන් බෙලි ගෙඩියක් තල් කොළේ උඩට වැටිලා තියෙන්නේ. ඒ සද්දෙටයි මේකා මුළා වුනේ. තව පොඩ්ඩෙන් තොපි ඔක්කෝම දුවලා නවතින්නේ මහසාගරේ. තොපි මුහුදු රැල්ලට ගසාගෙන ගොහින් මහා විනාසයක් වෙන්ට තිබ්බා" කියා සිංහයා

ඔවුන් මුළාවට පත්ව සිටි මහා විපතකින් බේරගත්තා.

මෙය වදාළ අපගේ භාග්‍යවතුන් වහන්සේ මේ ගාථාවන් වදාළා.

(2)

බෙලි ගෙඩියක් තල්පත මත වැටෙනවා ඇසූ
සාවා භය වුනා පොළොව පෙරළෙන හඬ යයි කියා
දිව්වා පණ රැකගන්නට යළි ඒ දෙස නොම බලා
ඔහුගේ බස් ඇසූ අනිත් සියලු සතුන් භය වුනා

(3)

අනුන්ගේ ඇසූ හැම දේ ගෙඩිය පිටින් ගිලගෙන
ඇත්ත නැත්ත ගැන කිසිවක්
- සොයා බලා නොම ගෙන
කියන සියලු දේ හැබෑය කියා ඔවුන් පිළිගෙන
වැටුනා මහ කරදරේක මෝඩ රැලක් විලසින

(4)

සීලයෙකින් යුතුව ඇලී ඉන්ද්‍රිය සංවරයට
නුවණ ඇතිව තමන් කරන දේ මැනවින් දැනගෙන
තමා තුළ ම මුළා නොවී නුවණත් ඇති කරගෙන
නුවණැත්තෝ වැඩ කරත් ය
- කෙලෙසුන්ගෙන් දුරුවන
අනුන්ගේ බොරු බස් අසා
- තම ඉරණම ඔවුන්ට ම පවරා
මුළාවෙලා වැඩ නොකරත් නුවණැත්තෝ

මහණෙනි, ඔය අන්‍යතීර්ථකයන්ට වැරදුනේ ඔවුන් ඇසුවේ වැරදි දහමක් නිසා. ඔවුන් ඇසූ දේ නොසොයා, නොබලා, නොවිමසා පිළිගෙන අන්ධානුකරණයෙන්

කටයුතු කිරීම නිසා තමන් තුළ ම යි මුළාව ඇති වුනේ.

මහණෙනි, එදා හාවාගේ බස් අසා මුළාවෙලා මහා කරදරේක වැටී සිටින සතුන්ට සිහිනුවණ උපදවා ඔවුන්ව විපතින් බේරාගත් සිංහයා වෙලා සිටියේ මම" යි කියා භාග්‍යවතුන් වහන්සේ මේ ජාතකය නිමවා වදාළා.

03. බ්‍රහ්මදත්ත ජාතකය

බ්‍රහ්මදත්ත රජුගෙන් සුළු උපකාරයක්වත් ඉල්ලාගන්ට බැරිව සිටි තාපසයාගේ කතාව

පින්වතුනේ, පින්වත් දරුවනේ,

අනුන්ගෙන් යමක් ඉල්ලීම ගැන භාග්‍යවතුන් වහන්සේ කිසිසේත් කැමති වුනේ නෑ. මල නොතලා රොන් ගන්නා බඹරෙක් වගේ ගිහි පින්වතුන්ට පීඩාවක් නොකරම සිව්පසය ලබාගන්ට කියලයි උන්වහන්සේ අපට වදාළේ. එහෙම නොවුනොත් ගිහි ජනයාට ඉක්මනින් ම භික්ෂූන්ව එපා වෙනවා.

ඒ දිනවල අපගේ භාග්‍යවතුන් වහන්සේ වැඩ වාසය කොට වදාළේ අලව් රටේ අග්ගාලව නමැති චෛත්‍යස්ථානයේ. ඔය කාලේ අලව් රටේ භික්ෂූන් වහන්සේලා කුටි සෙනසුන් හදාගන්ට වැඩිපුර උනන්දු වෙලා ගිහියන්ගෙන් නොයෙක් උපකරණ ඉල්ලන්ට පටන් ගත්තා. දවසක් අපගේ මහාකස්සප මහරහතන් වහන්සේ අලව් නුවර පිණ්ඩපාතේ වැඩියා. එදා උන්වහන්සේට දානේ ටිකක් බෙදන්ට කවුරුත් ඉදිරිපත් වුනේ නෑ. අන්තිමේදී එක්තරා උපාසකයෙක් උන්වහන්සේව හඳුනාගෙන තමන්ගේ නිවසට වැඩමවාගෙන දානය පූජා කරගෙන අලව් නගරේ මිනිසුන් භික්ෂූන්ගේ නොයේක්

ඉල්ලීම් නිසා භික්ෂුවකට දත් බෙදන්ට පවා භය වී සිටින බව දැනුම් දුන්නා. මහාකස්සපයන් වහන්සේ එකරුණ භාග්‍යවතුන් වහන්සේට සැළකලා. භාග්‍යවතුන් වහන්සේ භික්ෂූන් රැස් කරවා එසේ ඉල්ලීම නොකළ යුතු දෙයක් බවට අවවාද කොට මෙසේ වදාළා.

"මහණෙනි, ඉස්සර සිටිය නුවණැති උදවිය ඔය විදිහට මිනිස්සුන්ගෙන් බඩු මුට්ටු ඉල්ලා වෙහෙසට පත් කළේ නෑ. කොටින්ම රජ්ජුරුවොත් ඕනෑම අවශ්‍ය දෙයක් කියන්ට කියා පවරා තිබුනේ. නමුත් තල්කොළ කුඩයකුත් පටි සෙරෙප්පු දෙකකුත් ඕනෑ වෙලා තිබිලා ඉල්ලන්ට ඇති ලැජ්ජාව නිසා ඒකත් කීවේ මහජනයා මැද නොවේ. රහසේ ඉඳගෙනයි" කියා මේ අතීත කතාව ගෙනහැර දක්වා වදාළා.

"මහණෙනි, ගොඩාක් ඉස්සර කාලේ කම්පිල්ල නමින් රටක් තිබුනා. ඔය රටේ උතුරු පංචාල නගරේ පංචාල නමින් රජ්ජුරුකෙනෙක් රාජ්‍ය කරමින් සිටියා. ඔය කාලේ මහාබෝධිසත්වයෝ එක්තරා කුඩා නගරයක බ්‍රාහ්මණ පවුලක උපන්නා. වයසින් මෝරාගියාට පස්සේ තක්සිලා ගොහින් ශිල්ප ශාස්ත්‍ර හදාරා ඇවිත් පස්සෙ කාලෙක ගිහි ජීවිතේ එපා වෙලා හිමාලෙට ගොහින් පැවිදි වුනා. ගං තෙරේ කුටියක් හදාගෙන අල මුල් ගෙඩි ආදියෙන් යැපෙමින් බොහෝ කල් වාසය කළා. පස්සේ කාලෙක ලුණු ඇඹුල් සොයාගෙන මනුස්සවාසය ඇති ප්‍රදේශයට ආවා. ඇවිත් උතුරුපංචාල නගරයේ රජ්ජුරුවන්ගේ උයනේ රාත්‍රිය ගත කරලා පසුවදා පිඬු සිඟා නගරේ ඇවිද රාජද්වාරයටත් පැමිණියා.

පංචාල රජ්ජුරුවන්ට මේ තාපසින්නාන්සේව දකින්ට ලැබුනා. උන්නාන්සේගේ ඇවතුම් පැවතුම් ගැන

පැහැදුනා. එතකොට රජ්ජුරුවෝ තාපසින්නාන්සේව උඩුමහල් තලයට වඩමවාගෙන රාජභෝජන පූජා කරගත්තා. වස් කාලේ දිගටම උයනේ වැඩ ඉන්ට කියලත් නිතිපතා රජ ගෙදරින් ම දන් වළඳින්ට කියලත් ඉල්ලා සිටියා.

වස් කාලය අවසන් වුනා. තාපසයන්ට දැන් හිමාලයට යෑමේ ඕනෑකම ඇති වුනා. මෙහෙම හිතුවා. 'හිමාලයට යන ගමනේදී තනි පොටේ සෙරෙප්පු ජෝඩුවකුයි, තල්කොළ කුඩේකුයි තිබුනොත් නම් මට හරි පහසුයි. රජ්ජුරුවන්ගෙන් ඉල්ලා ගන්ට ඕනෑ' කියලා දවසක් රජ්ජුරුවෝ උයනට ඇවිත් තාපසයන්ට වන්දනා කොට වාඩිවෙලා සිටිය වෙලාවේ තමන්ගේ අවශ්‍යතාවය මතක් වුනා. නමුත් මෙහෙම සිතුවා. 'මට මොහුගෙන් කුඩේකුයි සෙරෙප්පු දෙකකුයි ඉල්ලන්ට ඇත්නම් හොඳ තමා. ඒත් අනුන්ගෙන් ඉල්ලනවා කියන්නේ හැඬීමක් වගේ දෙයක්. එයත් නැතෙයි කීවොත් ඒකත් එයාගේ හැඬීම වගේ. ඉල්ලීම නමැති හැඬීමෙන් යුක්ත කෙනෙක් බව මා ගැන මහජනයාට නම් පෙනෙන්ට එපා. බැරිවෙලාවත් රජ්ජුරුවොත් නැතෙයි කීවොත් ඔහුගේ පෙරලා හැඬීමත් මහජනයාට පෙනෙන්ට එපා. නෑ. කවුරුත් නැති රහස් තැනකදී මං ඉල්ලනවා. රජ්ජුරුවෝ නෑ කියාවි. එතකොට දෙන්නාම හඬන්නේ රහසේ නොවැ. එහෙම වුනොත් නිහඬව ඉන්ට ඇහැකි' කියා සිතා "මහරජ්ජුරුවෙනි මට පුද්ගලිකව කතා කරන්ට කාරණාවක් තියෙනවා" කියා පැවසුවා. එතකොට රජ්ජුරුවෝ ළඟ සිටි පුරුෂයන් පසෙකට ඉවත් කළා.

බෝධිසත්වයෝ ඊළඟට මෙහෙම සිතුවා. 'බැරි වෙලාවත් මං ඉල්ලද්දී රජ්ජුරුවෝ නොදුන්නොත්

හිතවත්කම පළුදු වෙන්ට පුළුවනි. ඒ නිසා ඉල්ලන්ට ඕනෑ නෑ' කියා සිතා "මහරජ්ජුරුවෙනි නෑ... ඒක වෙන දවසක කියන්ට බැරියැ. දැන් තමුන්නාන්සේ යන්ට" කියලා රජ්ජුරුවන්ව පිටත් කෙරෙව්වා.

නැවතත් දවසක් රජ්ජුරුවෝ උයනට ආවා. එදාත් කලින් වගේම පුද්ගලික කාරණාවක් කියන්ට තියෙනවා ය කියා කිසිවක් නොකියා පිටත් කළා. ඔය විදිහට තල් කොළ කුඩේකුයි තනිපොටේ සෙරෙප්පු දෙකකුයි ඉල්ලන්ට බැරිව දොළොස් අවුරුද්දක් ගෙවිලා ගියා.

දවසක් රජ්ජුරුවෝ මෙහෙම සිතුවා. 'අපගේ ආර්යයන් වහන්සේ පුද්ගලික කාරණාවක් තියෙනවා ය, කියන්ට ඕනෑ ය කියලා පිරිස ඉවත් කළාට පස්සේ මොකවත් ම කියාගන්ට බැරිව යනවා. දැන් දොළොස් අවුරුද්දක් ම ඉක්ම ගියා. මට හිතෙන්නේ දැන් මුන්නාන්සේට බඹසර එපා වෙලා වෙන්ටැති. කාමභෝගී ජීවිතයක් ගෙවන අදහසින් රජකම වෙන්ටැති බලාපොරොත්තුව. මගෙන් රාජ්‍යය ඉල්ලාගන්ට බැරිකොමට ම තමා ඔය කිසිවක් කියාගන්ට බැරිව නිශ්ශබ්ද ව ඉන්නෙ. අද මං අහනවා. උන්නාන්සේ කැමති රජකම නම් මං ඒක උනත් දෙනවා. ඉල්ලන්නේ යමක් ද මං ඒ ඕනෑම දෙයක් දෙනවා' කියා සිතාගත්තා.

ඉතින් රජ්ජුරුවෝ උයනට ගොහින් තාපසින්නාන්සේව බැහැදැක වන්දනා කළා. එදාත් බෝධිසත්වයෝ "රජතුමනි, මට පුද්ගලික කාරණාවක් කියන්ට තියෙනවා" කියලා කිව්වා. රජ්ජුරුවෝ රාජපුරුෂයන්ව ඉවත් කරවා තාපසතුමාට ළං වුණා. තාපසතුමා වෙනදා වගේ ම නිශ්ශබ්ද වුණා. රජ්ජුරුවෝ

එදා තාපසතුමාට කතා කළා.

"අපගේ ආර්යයන් වහන්ස, දැන් දොළොස් අවුරුද්දක් තිස්සේ පුද්ගලික කාරණාවක් කියන්ට තියෙනවා ය කියලා කියාගන්ට බැරිව ඉන්නවා. අනේ ස්වාමීනී, කිසිම භයක් වෙන්ට එපා. මගෙන් රජකම ඉල්ලුවත්, මොනයම් ම දෙයක් ඉල්ලුවත් ඉල්ලන ඕනෑම දෙයක් දෙන්ට ලේස්ති පිටයි මං ඉන්නේ. ඒ නිසා කියන්ට ආචාර්යපාදයෙනි."

"ඒ කියන්නේ රජ්ජුරුවෙනි, මං යමක් ඉල්ලනවා ද, ඒක ඔබට දෙන්ට පුළුවන් කියන එක ද?"

"එහෙමයි ස්වාමීනී, එහෙමයි."

"එහෙනම් මගේ අවශ්‍යතාව මං කීවාට කමෙක් නැද්ද?"

"අනේ කියන්ට ස්වාමීනී, මොකෝවත් නොසිතා කියන්ට."

"මහරජ්ජුරුවනි, මගේ මේ හිමාලයට යන ගමනේදී මට තල්කොළ සෙවිලි කළ කුඩයකුයි තනිපොටේ සෙරෙප්පු ජෝඩුවකුයි තිබ්බොත් බොහෝම පොරෝජනයි."

"අනේ ස්වාමීනී, මේ දොළොස් අවුරුද්දක් තිස්සේ තමුන්නාන්සේට කියාගන්ට බැරිව සිටිය පුද්ගලික වූත් රහසිගත වූත් කාරණාව ඕක ද?"

"එහෙමයි රජතුමනි."

"ඇයි ස්වාමීනී, ඔවැනි ඉතාමත් සුළු දෙයක් නොකියා හිටියේ?"

"මහරජ, මට මේ දේ දෙන්ට කියා ඉල්ලන එක හැඬීමක්. අනිත් එක්කෙනා ඒ දේ නැතෙයි කීම පෙරළා හැඬීමයි. ඉතින් මං තමුන්නාන්සේගෙන් ඉල්ලීම නමැති හැඬීමත්, තමුන්නාන්සේ ඒක දෙන්ට නෑ කීවොත් සිදුවෙන පෙරළා හැඬීමත් මහාජනයාට නම් දකින්ට සිද්ධ වෙන්ට එපා ය යන අදහසිනුයි මං රහසේ පුද්ගලිකව කියන්ට ඕනෑය කියා සිතුවේ' කියාලා බෝධිසත්වයෝ මේ ගාථාවන් පැවසුවා.

(1). බඹදත් රජුනේ මේ දේ මට ඕනෑ කියා
ඉල්ලූ විට එය ලැබුනොත් එයට කමක් නැතේ
නමුත් කෙනෙකුගෙන් කිසිවක් ඉල්ලා සිටි විට
ලැබීම හා නොලැබීමත් පොදු ම ය එය හට

(2). පංචාල රටේ රජුනි කෙනෙක් ඉල්ලන විට යමක්
හැඬීම කියලයි ලෝකේ කියන්නෙ එයට
ඉල්ලන දේ දෙන්නට බෑ කියයි නම් යමෙක්
එයට කියන්නේ පෙරළා හැඬීම කියලයි

(3). පංචාල රටේ මිනිසුන් රැස් වී සිටිනා වේලේ
ඉල්ලන මා හඬන අයුරු ඔවුන්ට නොඇසේවා
එය දෙන්ට බැරිය කියන ඔබේ පෙරළා හැඬුමත්
ඔවුන් නොඇසේවා කියලයි
- මා රහසේ කියන්ට සිතුවේ

බෝධිසත්වයන්ගේ මේ ගාථාවන් ඇසූ පංචාල රජ්ජුරුවෝ ගොඩාක් ප්‍රසන්න වුනා. තාපසින්නාන්සේ කෙරෙහි තව තවත් ගෞරවය ඇති වුනා. ඔබ වැනි කෙනෙකුගේ ඉල්ලීම උතුම් ය කියා මේ ගාථාව පැවසුවා.

(4). බමුණානෙනි මං ඔබ හට රත් පැහැයෙන් යුතු
හොඳ නාම්බනුත් ඇති ගවයන් දහසක් පුද දෙමි
උතුම් කෙනෙක් උතුම් කෙනෙකුගෙන් ඉල්ලූ විට
එය කොහොමද ඔහුට නොදී ඉන්නේ මේ ලොව
බමුණ ඔබේ කියමන නම් උතුම් ධර්මයකි

මේ විදිහට රජ්ජුරුවෝ නොයෙක් දේ දෙන්ට සූදානම් වුනා. එතකොට බෝධිසත්වයෝ මෙහෙම කිව්වා.

"නෑ මහරජතුමනි, නොයෙක් දේපල වස්තුව කැමැත්තෙන් මං ඔබෙන් ඉල්ලුවා නොවේ. මට තනිපොටේ සෙරෙප්පු දෙකකුත් තල්අතු කුඩයකුත් තිබුනාම හොඳටෝම ඇති. ඔබත් රජතුමනි, අප්‍රමාදීව දානාදී පින්කම් කරන්ට. සීලාදී ගුණදම් රකින්ට. පොහෝ උපෝසථ රකින්ට" කියා අවවාද කොට කුඩයත් සෙරෙප්පු දෙකත් පමණක් රැගෙන හිමාලයට පිටත් වුනා. හිමාලයේදී ධ්‍යාන අභිඥා සමාපත්ති උපදවාගෙන වාසය කොට මරණින් මතු බඹලොව උපන්නා.

මහණෙනි, රාජවරප්‍රසාද ලත් රාජගුරු තාපසයෙක්ව සිටත් එදාත් ඔහු ඉල්ලීමට ලැජ්ජා වුනා. ඒ නිසා අනුන්ගෙන් යමක් ඉල්ලීම ගැන ලැජ්ජා වෙන්ට කියා භාග්‍යවතුන් වහන්සේ ධර්මය වදාළා.

"මහණෙනි, එදා තාපසයාට මහත් ආදරයෙන් සිටි රජ්ජුරුවෝ වෙලා සිටියේ අපගේ ආනන්දයෝ. කුඩයකුත්, සෙරෙප්පු ජෝඩුවකුත් ඉල්ලා ගැනීමට නොහැකිව දොළොස් අවුරුද්දක් ම කල්ගත කළ තවුසාව සිටියේ මම" යි කියා භාග්‍යවතුන් වහන්සේ මේ ජාතකය නිමවා වදාළා.

04. චම්මසාටක ජාතකය
සමින් කළ වස්ත්‍ර පොරොවා සිටි තවුසාගේ කතාව

පින්වතුනේ, පින්වත් දරුවනේ,

සමහර අය කලකෝලාහල කරන තැන්වල ගිහින් ඒවා නවත්වන්ට මහන්සි ගන්නවා. ඒ හේතුව නිසාම ඔවුන් අනතුරුවලට ලක්වෙනවා. සතුන් කෝපයෙන් පොරකද්දී, රණ්ඩු වෙද්දී එතැනින් ඉවත් නොවී ඒවා නවත්වන්ට මැදිහත් වෙනවා. එතකොට ඇතැම්විට සතුන්ගේ කෝපය එයට මැදිහත් වෙන්නවුන් වෙත යොමු වෙනවා. ඒ නිසා ඒ සතුන්ගෙනුත් ඔවුන්ට අනතුරු සිදුවෙනවා. මේ එවැනි කතාවක්.

ඒ දිනවල අපගේ භාග්‍යවතුන් වහන්සේ වැඩ වාසය කොට වදාළේ සැවැත්නුවර ජේතවනයේ. ඔය කාලේ සැවැත්නුවර තාපසයෙක් වාසය කළා. ඔහු සමින් කළ වස්ත්‍රයක් හැඳ එවැනි ම සම්වස්ත්‍රයක් උරයටත් පොරවාගෙන සිටියේ. දවසක් මොහු සැවැත්නුවර පිඬු සිඟා ගියා. එහෙම යද්දී එක්තරා ප්‍රදේශයක එළුවන් අංවලින් ඇණ ගනිමින් එකිනෙකා ගහගන්නා හැටි මොහු දැක්කා. දැකලා මොහු පිඬු සිඟා යෑම නවතා එතැනට ගොසින් එළුවන්ගේ යුද්ධය මැදට පැන ඔවුන්ගේ සටන

නවත්වන්ට මහන්සි ගත්තා. සමක් පොරවා සිටි මොහු දුටු දරුණු එළුවෙක් සටන නවතා මොහුට පහර දෙන්ට සූදානම්ව ඈත පටන් හිස පහතට නවාගෙන ආවා. මේ තාපසයා සිතුවේ තමන්ගේ තාපස ගුණයට පැහැදී මේ එළුවා තමන් වෙත ආදර ගෞරව දක්වන්ට එනවා කියා යි. ළං වේගෙන එද්දී එළුවා වේගයෙන් දුව ඇවිත් තාපසයාගේ කලවයට තදින් පහර දී බිම පෙරලා දැම්මා. ඔහුගේ පාත්‍රයත් බිඳී ගියා. මොහු මහා දුකකට පත් වුනා. එදා පිඬු සිඟා වැඩි භික්ෂූන් වහන්සේලා මොහු විසින් කරගත් දේ දැකගත්තා.

දම්සභා මණ්ඩපයට රැස්වූ භික්ෂූන් වහන්සේලා එදා සිදු වූ දේ ගැන කතා කරමින් සිටියා. "ඕං බලන්ට ඇවැත්නි, ඒක අපි කාට කාටත් හොඳ පාඩමක්. ඔය තාපසයා අහක යන දෙයකට මැදිහත් වෙන්ට ගියේ. ඒ එළුවන් හොඳට කෝප වෙලා යුද්ධ කරමින් හිටියේ. ඒ මැදට මෙයාත් ගොහින් ඒ එළුවන්ගේ දබරය නවත්වන්ට මහන්සි ගත්තා. අන්තිමේදී එළුවාගෙන් පහර කා විනාශයට පත් වුනා."

ඒ අවස්ථාවේ අපගේ භාග්‍යවතුන් වහන්සේ එතැනට වැඩම කොට වදාළා. භික්ෂූන් වහන්සේලා තමන් කතා කරමින් සිටි කරුණ භාග්‍යවතුන් වහන්සේට සැළ කළා. භාග්‍යවතුන් වහන්සේ මෙසේ වදාළා.

"මහණෙනි, ඔය පුද්ගලයා කෝලාහල කරමින් ඉන්නා සතුන් මැදට ගොහින් විනාශ වුනේ මේ ආත්මේ විතරක් නොවේ. මීට කලින් ආත්මෙකත් ඔය පුද්ගලයාට ඔය දේ ම වුනා" කියා මේ අතීත කතාව ගෙනහැර දක්වා වදාළා.

"මහණෙනි, ගොඩාක් ඉස්සර කාලෙක බරණැස්පුරේ බ්‍රහ්මදත්ත නමින් රජ්ජුරු කෙනෙක් රාජ්‍ය කරමින් සිටියා. ඔය කාලේ මහාබෝධිසත්වයෝ වෙළඳාම් කරන පවුලක උපන්නා. කලක් යද්දි හොඳ වෙළෙන්දෙක් බවට පත්වුනා. දවසක් බරණැස සමින් කළ වස්ත්‍රයක් ඇඳි තාපසයෙක් පිඬු සිඟා යද්දී එළුවන් දබර කරගන්නා තැනකට ගිහින් ඔවුන්ගේ සටන් නවත්වන්ට මැදිහත් වුනා. එතකොට එක් එළුවෙක් මේ තාපසයා පැත්ත හැරුනා. මොහු දෙසට හිස නවාගෙන උන්නා. එතකොට මොහු සිතුවේ 'හානේ හරි අගෙයි... මෙපමණ මිනිසුන් ඉන්නා ලෝකේ මගේ ගුණ දැනගත්තේ මේ එකම එළුවා නොවැ. මොහු මට ගරු සත්කාර දැක්වීමට හිස නවාගෙන ඉන්නා අපූරුව" කියා එළුවා දෙසට වැඳගෙන සිටගෙන මේ පළමු ගාථාව පැවසුවා.

(1). **අනේ මේ සිව්පාවා හැබෑට**
- යහපත් ගති ගුණ ඇතියෙක් ම යි
සොඳුරු පැවැත්මෙන් යුතු වූ
- ඉතා සුපේශල එළුවෙක් ම යි
වේද මන්ත්‍ර මැනවින් දන්නා
- බමුණු කුලේ උපන්න මට
මෙදා උතුම් එළුවෙකුත්
- ආදරයෙන් සලකන හැටි හරි අගෙයි

ඒ තාපසයාගේ මේ කියමන අසල කඩයක වාඩිවී වෙළඳාමේ යෙදී සිටි බෝධිසත්වයන්ට ඇසුනා. සිද්ධවෙන්ට යන දේ හොඳාකාරව දන්න බෝධිසත්වයෝ ඔතැන නොරැඳී ඉක්මනින් යන්ට කියා ඒ තාපසයන්ට මේ ගාථාව පැවසුවා.

(2). අයියෝ තාපසය මෙසේ -
මොහු ඉන්නා සැටි දුටු පමණින්
ඔය සිව්පා සතුන් ගැන නම් -
විශ්වාසයකට ගන්ට එපා
එළුවා ඔය දැඩි පහරක් දෙන්ට යි -
කුරුමානම අල්ලා ඉන්නේ
නිලයට පාරක් දෙන්නට කලියෙං -
ඔතැනින් ඉවතට පැනගන්නේ

වෙළෙන්දා මේ ගාථාව කියා වැඩි වේලාවක් ගියේ නෑ. එළුවා වේගයෙන් දුව ඇවිත් තාපසයාගේ කලවයට පහර දී පෙරලාගෙන ඇන්නා. තවුස් පිරිකර කුඩුපට්ටම් වුනා. ඔහු හඬ හඬා වැතිරී සිටියා.

මහණෙනි, එදා ඒ පුද්ගලයා එළුවාගේ ප්‍රහාරයෙන් බලවත් ලෙස අනතුරට ලක්වුනා" කියා භාග්‍යවතුන් වහන්සේ මෙසේ වදාළා.

(3). කළවා ඇටයත් බිඳගෙන
- බිමට වැටී තාපස බමුණා
තමන්ගෙ හැම තවුස් පිරිකරත්
- එළුව නිසා කුඩු කරගත්තා
දැන් හිස අත් බැඳගෙන තවුසා
- මා නැසුනා කියා සිටියි හඬ හඬා

අන්තිමේදී මහණෙනි, ඒ තවුසා එතැන ම වැතිරී හඬ හඬා මේ ගාථාව පැවසුවා.

(4). අයියෝ මට මෙය සිදු වූයේ
- මාගේ මෝඩකම නිසා ම යි
නොපිදිය යුතු අයෙකුට මං

- ප්‍රශංසා කරන්ට ගියා
දුෂ්ට එළුවා නිසා මා නැසුනු සෙයින්
- මෙවැනි දේට මැදිහත්වෙන
කාටත් වෙන්නේ මේකයි

මෙසේ හඬමින් සිටි තවුසා එතැන ම මරණයට පත්වුනා. භාග්‍යවතුන් වහන්සේ මේ සිදුවීම මුල් කොට දහම් දෙසා මෙසේ වදාළා. "මහණෙනි, එදා එළුවන්ගේ සටනට මැදිහත් වූ සමින් කළ වස්ත්‍රය පොරවා සිටි තවුසා ම යි මෙදාත් එළු සටනට මැදිහත් වී අනතුරු සිදුකරගත් තවුසා. එදා ඉක්මනින් එතැනින් ඉවත් වෙන්ට කියා අවවාද කළ නුවණැති වෙළෙන්දාව සිටියේ මම" යි කියා භාග්‍යවතුන් වහන්සේ මේ ජාතකය නිමවා වදාළා.

05. ගෝධ ජාතකය

බෝසත් තලගොයාගේ කතාව

පින්වතුනේ, පින්වත් දරුවනේ,

අනුන්ව රවටාගෙන ගසා කන අය ලෝකයේ හැමදාමත් ඉන්නවා. ඒ අයට කියන්නේ කුහකයන් කියලයි. එසේ කුහකව සිටිමින් බොරු හිතවත්කම් පෙන්වමින්, බොරු නැතියන් බව පෙන්වමින් සමාජය ගසාකන අයගෙන් අද ලෝකය නම් පිරී ඉතිරී ගිහින් තියෙනවා. එදා අවංක අය ගොඩාක් හිටියා. කුහක අයත් සිටියා. රහතන් වහන්සේලා වැඩසිටි එදා භාග්‍යවතුන් වහන්සේගේ ශ්‍රාවක සංඝයා අතරට වැදී කුහක භික්ෂූන් පවා වාසය කොට තියෙනවා. මේ කියන්නේ එබඳු කතාවක්.

ඒ දිනවල අපගේ භාග්‍යවතුන් වහන්සේ වැඩ වාසය කොට වදාළේ සැවැත් නුවර ජේතවනයේ. දවසක් භික්ෂූන් වහන්සේලා එක් භික්ෂුවක් අකැමතිව සිටියදී ම භාග්‍යවතුන් වහන්සේ වෙත කැඳවාගෙන ආවා. "ස්වාමීනී, භාග්‍යවතුන් වහන්ස, මේ භික්ෂුව කුහකයි. මොහු ගිහි ජනයාව බොරුවෙන් රවටාගෙන සිව්පස ලබනවා."

"මහණෙනි, මේ පුද්ගලයා කුහක ප්‍රතිපදාවෙන් ජීවත් වුනේ මේ ආත්මේ විතරක් නොවේ. මීට කලින්

ආත්මෙකත් බොරුවෙන් ම යි ජීවත් වුනේ" කියා මේ අතීත කතාව ගෙනහැර දක්වා වදාළා.

"මහණෙනි, ගොඩාක් ඉස්සර කාලෙක බරණැස් පුරේ බ්‍රහ්මදත්ත නම් රජ්ජුරු කෙනෙක් රාජ්‍ය විචාරමින් සිටියා. ඔය කාලයේ මහාබෝධිසත්වයෝ තලගොයි ආත්මෙක ඉපදිලා වනාන්තරේ වාසය කළා. කලක් යද්දී ඔය වනාන්තරේට තාපසයෙක් ඇවිත් කුටියක් හදාගෙන වාසය කළා. බෝසත් තලගොයාගේ තුඹස තිබුනේත් කුටියට වැඩි ඈතකින් නොවේ. බෝසත් තලගොයා ගොදුරු සොයා යද්දී කුටියේ සිටින තාපසයාව දකින්ට ලැබුනා. "අනේ මේ වනාන්තරේ තපස් රකින්ට සිල්වත් තාපසයෙක් ඇවිදින් නොවැ. බොහෝම අගෙයි" කියා මේ තලගොයා දිනපතා ගිහින් තාපසයාට වන්දනා කොටයි තමන්ගේ වාසස්ථානයට යන්නේ.

දවසක් මේ තාපසයා තමන්ගේ දායක නිවසක දානයට ගියා. ඔහුට ලැබුන දානයේ තිබුනු මසක් අනුභව කරද්දී මොහුගේ රස නහර පිනා ගියා. මහත් ගිජු කමින් ආහාර අනුභව කරමින් මෙහෙම ඇහැව්වා.

"හැබෑටම අද දානෙ හරි අපූරුයි නොවැ. බොලා හැදූ මේ මාංශ මොනවැයි? හරි අගේ ඇති මසක්."

"අනේ තාපසින්නාන්ස, අපට තලගොයි මසක් ලැබුනා. ඒක තමයි අපේ මායියා ඔය උයාපිහා හදලා ගත්තේ."

එතකොට නිශ්ශබ්දව බත් අනුභව කරමින් කූට ජටිලයා කල්පනාවට වැටුනා. "ෂා...! හරි අගේ ඇති මස් ටික. ඔව්... මයෙ කුටිය ගාවටත් එනවා නොවැ

අපූරුවට මස් වැඩී ගිය තලගොයි නාම්බෙක්. ඒකාව මරා ගත්තොත් නම් ඇති පදමට මස් ලබාගත හැකියි. හරි... අද ම ගොහින් වැඩේ කොරන්ට ඕනෑ" කියලා එදා කූට තවුසා කඩපිළට ගොසින් ගිතෙල්, මිරිස්, තුනපහ, ලුණු ගොරකා ආදිය මල්ලකට දමාගෙන වනාන්තරේට ආවා.

තලගොයි රාජයා එන වෙලාව බලා තම තාපස වස්ත්‍රය පොරවාගෙන, අතට හොඳ හයිය මුගුරකුත් අරගෙන, එයත් තවුස් සිවුරෙන් වසාගෙන, මග බලා වාඩිවී උන්නා. තලගොයාත් ඈතදී ම තාපසයාගේ ඉරියව්වල වෙනසක් දැක්කා.

"ම්... ම්... අද නම් මේ තාපසයාගේ ඉරියව් අමුතුයි. මා දිහාත් හොරාට වගේ ඇස් කොනින් බලා ඉන්නවා. අපේ වරිගේ එකෙකුගේ මස් කාලා තියෙන හැඩයි. ඔව්... කෝකටත් මං මේ ගැන පරීක්ෂා කොරලා බලන්ට ඕනෑ" කියා තලගොයා තාපසයාගේ යටි සුළඟ හමන තැනකට ගියා. එතකොට තාපසයාගේ සිරුර වැදී හමන සුළඟින් තලගොයි මස් ගඳ ඉව කරගන්ට තලගොයාට පුළුවන් වුනා.

"හෝ... මේකා දුසිල් තාපසයෙක්. තලගොයි මස් කාලා රස වැටිලා මාව මරන්ටයි මුන්දැ කුරුමානම අල්ලන්නේ" කියා සිතා තවුසා ළඟට ආවේ නෑ. ඈතින් ගියා. තලගොයා ළඟට නොඑන බව දැනගත් තවුසා මුගුර දිගහැර තලගොයාට වේගයෙන් පහරක් ගැසුවා. නමුත් ඒ මුගුර තලගොයාට නොවැදී උගේ වලිගේ කොණක විතරක් වැදුනා.

"පල තලගොයා... මං විරුද්ධයි තොට" කියා දුවගෙන යන තලගොයාට තාපසයා බැන වැදුනා.

තලගොයා දුවගොස් තුඹසට රිංගුවා. වෙනත් සිදුරකින් හිස එළියට දමා "අරේ... කූට ජටිලයෝ... තෝ මට විරුද්ධ වුනාට තොට සතර අපායේ නම් කිසි විරුද්ධත්වයක් නෑ" කියා තවුසාට ඇහෙන්ට මේ ගාථා කිව්වා.

(1)

අයියෝ මං ආවේ නුඹ වෙත
- යහපත් වූ ශ්‍රමණයෙකු කියා සිතලයි
මහ තක්කඩියෙක් වෙත නොවැ
- වැරදී මං ඇවිදින් උන්නේ
අශ්‍රමණයෙක් කරයි නම් යම් දෙයක්
- එලෙසින් මොහු මුගුරින් ගැසුවේ මා හට

(2)

එම්බල අනුවණ තවුසෝ තොපගේ
- ඔය ජටාවෙන් හෝ අඳුන් දිවි සමින් හෝ
තවුස් වෙසින් ඇති ඵලය කුමක් දෝ
- කෙලෙසුන් පිරී ඇත තොප සිතේ
බාහිරින් පමණක් හැඩට පෙනී ඉන්නේ

මෙසේ තලගොයා කී විට හොර තවුසා ආයෙමත් වැරදුනු කුරුමානම ළං කරගන්ට හිතාගෙන මේ ගාථාව කිව්වා.

(3)

අනේ ඕවා ගණන් ගන්ට එපා ගොයෝ
- මෙහෙට එන්ටකෝ
මෙහි නැවතී ඇල්හාලේ බත් කාපන්
- තෙලුයි ලුණුයි ව්‍යංජනයි
දුරු මිරිසුයි ඕනෑ තරම් මටත් තියෙනවා නේ

තාපසයාගේ කුහකකම තවත් හොඳට තේරුම්ගත් තලගොයා මේ ගාථාවෙන් පිළිතුරු දුන්නා.

(4)

එම්බල කූට ජටිලයෝ -
තොපගේ ඔය තෙලුයි ලුණුයි දුරු මිරිසුයි
ඇල් හාලේ බතුයි මෙමාහට -
විපතක් ම යි සලසන්නේ
ඊට වඩා සිය ගුණයෙන් මට මගේ -
මේ තුඹසේ ඉන්න එක හොඳා

මෙසේ කියා බෝසත් තලගොයා මෙහෙම කිව්වා. "එම්බල කපටි තවුසෝ... තවදුරටත් තෝ මේ වනයේ ඉන්ට සිතුවොත් බලාගෙනයි. මං ගමට ගොහින් මිනිසුන්ට කියනවා මේ ඉන්නේ තවුසෙක් නොවේ ය හොරෙක් ය කියා. තෝ කරදරේ වැටේවි. ඊට කලියෙං මෙතැනින් වහා පල" කියා තර්ජනය කළා. බියට පත් වූ තවුසා ඒ කුටිය අත්හැර දමා එදා ම පලාගියා.

මහණෙනි, එදා කුහක ජටිලයා වෙලා සිටියේ මේ කුහක ජීවිකාවෙන් කල්ගෙවන භික්ෂුවයි. තලගොයි රාජයා වෙලා සිටියේ මම" යි කියා භාග්‍යවතුන් වහන්සේ මේ ජාතකය නිමවා වදාළා.

06. කක්කාරු ජාතකය

දෙව්ලොව තිබෙන කක්කාරු නමැති සුවඳ මල් කළඹ ගැන කතාව

පින්වතුනේ, පින්වත් දරුවනේ,

තමන්ට අයිති නැති, ඒ සඳහා සුදුසුකම් නැති තනතුරු දරන්ට ගොහින් මේ ලෝකයේ ඇතැම් තුච්ඡ පුද්ගලයන් ඒ තනතුරු නිසා ම විනාශ වෙනවා. සංඝ නායක වෙන්ට ආශාවෙන් නොයෙකුත් උපක්‍රම කළ දේවදත්ත ඒ නිසා ම මහත් විනාශයට පත් වුනා. මේ ඒ ගැන කතාවක්.

ඒ දිනවල අපගේ භාග්‍යවතුන් වහන්සේ වැඩ වාසය කොට වදාළේ රජගහනුවර වේළුවනයේ. ඔය කාලේ අසත්පුරුෂ දේවදත්ත සංඝයාගේ නායක වෙන්ට ආශාවෙන් බොරු කියා පන්සියයක නවක භික්ෂු පිරිසක් කඩාගෙන ගයාවට ගොහින් ගයා ශීර්ෂයේ දෙව්දත්ගේ රාජමහා විහාරයේ නවත්තා ගත්තා. දෙව්දත් කියන බණ ඇසීම නිසා ඒ භික්ෂූන් තිසරණයත් නැති කරගෙන මහා විපතකට පත්වෙන බව දැක වදාළ අපගේ භාග්‍යවතුන් වහන්සේ සාරිපුත්ත - මොග්ගල්ලානයන් වහන්සේලා දෙනම එතැනට පිටත් කරවා වදාළා. උන්වහන්සේලා නිර්මල ධර්මය පවසා ඒ සඟ පිරිසට සිහිනුවණ උපදවා

නැවතත් රජගහනුවර වේළුවනයට කැඳවාගෙන වැඩියා. මෙය දැනගත් පසු දේවදත්තට තමන්ගේ යැයි සිතාගෙන සිටි පිරිස අහිමි වීමේ දුක උහුලාගන්ට වැරිව කටින් උණුලේ වමනෙ ගියා. එයින් ම රෝගාතුර වුනා.

දම්සභා මණ්ඩපයේ රැස්වූ භික්ෂූන් වහන්සේලා දෙව්දත් විසින් තමන්ගේ ම උඩඟුකම නිසා විපතට පත්වීම ගැන කතා කරමින් සිටියා. ඒ අවස්ථාවේ අපගේ භාග්‍යවතුන් වහන්සේ එතැනට වැඩම කොට වදාළා. භික්ෂූන් වහන්සේලා තමන් කතා කරමින් සිටි කරුණ භාග්‍යවතුන් වහන්සේට සැලකොට සිටියා. භාග්‍යවතුන් වහන්සේ මෙය වදාළා.

"මහණෙනි, ඔය පුද්ගලයා බොරු කීමෙන් අයුතු ලාභ ලබන්ට ගොහින් රෝගාතුර වුනේ මේ ආත්මේ විතරක් නොවේ. මීට කලින් ආත්මෙකත් තමන්ට සුදුසුකම් නැතිව තිබියදී බොරුවෙන් වංචාවෙන් සම්පත් ලබන්ට ගොහින් මහා දුක් අනුභව කළා" කියා මේ අතීත කතාව ගෙනහැර දක්වා වදාළා.

"මහණෙනි, ගොඩාක් ඉස්සර කාලෙක බරණැස්පුරේ බ්‍රහ්මදත්ත නමින් රජ්ජුරු කෙනෙක් රාජ්‍ය කරන කාලේ මහා බෝධිසත්වයෝ තව්තිසා දෙව්ලොව එක්තරා දිව්‍ය පුත්‍රයෙක් ව උපන්නා. ඔය කාලේ මුළු බරණැස් නුවර ම සරසා මහා උත්සවයක් පැවැත්වුනා. ඔය උත්සවේ බලන්ට නාගලෝකයෙන් බොහෝ නාගයෝ එනවා. ඒ වගේම ගුරුළොත් එනවා. භූමාටු දෙවිවරුත් එනවා. ඔය උත්සවේට තාවතිංස දෙව්ලොවින් දෙවිවරු හතරදෙනෙක් කක්කාරු නමැති දිව්‍ය පුෂ්පයන්ගෙන් කළ මල් කළඹවල් හිස පැළඳගෙන ඇවිත් හිටියා. ඔවුන්ගේ

හිස පළන් කක්කාරු දිව්‍ය පුෂ්පයන්ගෙන් හමා ආ අතිමිහිරි සුවඳ බරණැස දොළොස් යොදුනක් පුරා පැතිර ගොහින් එකම සුවඳ ගුලාවක් වුනා. මිනිස්සු උමතුවෙන් වගේ "හප්පේ... හරිම සුවඳයි නොවැ... කවුරු පැළඳගත් මල් වලින් ද මේ තරම් විස්මිත සුවඳ හමන්නේ?" කියා වටපිට විපරම් කරන්ට පටන් ගත්තා. එතකොට දෙවිවරු "අනේ මේ මිනිස්සු මල් සුවඳින් කුල්මත් වෙලා මල් පැළැඳ සිටින්නේ කවුරුදැයි සොයනවා" කියා රාජාංගනයට ඉහළින් මහජනයාට පේන්ට මහත් වූ දේවානුභාවයෙන් යුක්තව ආකාසේ සිටගත්තා. "ආං... ඔය... ඔය... ආකාසේ දෙවිවරු සතර දෙනෙක් ඉන්නවා. ආං අර බලාපං... එයාලා හිස පැළැඳ සිටින අර ලාස්සන මල් කළඹිනුයි මේ සුවඳ හමන්නේ."

එතකොට බරණැස් රජුත්, යුවරජුත්, සිටුතුමාත් තමා සිටි අසුන්වලින් බැස මිදුලට ඇවිත් ඇඳිලි බැඳගෙන මෙහෙම ඇහුවා. "ස්වාමී... තමුන්නාන්සේලා මෙහි වැඩියේ මොන දිව්‍ය ලෝකෙන් ද?"

"අපි මේ ආවේ තව්තිසා දිව්‍ය ලෝකයෙන්."

"අනේ මොනතරං දෙයක් ද! ඉතිං ඇයි තමුන්නාන්සේලා මේ මනුස්ස ලෝකෙට වැඩියේ?"

"අපි ඔයාලාගේ උත්සවේ බලන්ටයි ආවේ."

"තමුන්නාන්සේලා ඔය හිස පැළඳ ඉන්න මල් වර්ගය මොනා ද? අනේ ඒවා හරී සුවඳායි!"

"ඔව්... මේවා මනුස්සලෝකේ නෑ. දිව්‍යලෝකේ විතරයි තියෙන්නේ. මේවාට කියන්නේ කක්කාරු පුෂ්ප කියලා."

"අනේ ස්වාමීනී, තමුන්නාන්සේලාට දෙව්ලොව ගොහින් වෙනත් කක්කාරි පුෂ්පයන් පැළඳගන්ට පුළුවන් නොවැ. ඕවා අපට දෙන්ට කෝ..."

"හාපෝ... මේවා එහෙම දෙන්ට බෑ. මේ දිව්‍ය පුෂ්ප මහානුභාව සම්පන්නයි. දෙවියන්ට පමණයි මේවා පළඳින්ට සුදුසු. මනුස්ස ලෝකේ ඉන්නේ ලාමක උදවිය. එයාලාට නුවණත් මදි. අදහසුත් හීනයි. සිලුත් නෑ. ඒ නිසා මනුස්සයන්ට මේ දිව්‍ය මල් පළඳින්ට සුදුසුකම් නෑ නොවැ. හැබැයි යම් මිනිසෙක්ට අපි දැන් කියන විශේෂ ගුණ ධර්ම තියෙනවා නම් විතරක් ඔවුන්ට මේ මල් කළඹ හිස පළඳා ගැනීමේ අවස්ථාව උදා වෙනවා" කියලා එතැන හිටිය ජ්‍යෙෂ්ඨ දිව්‍ය පුත්‍රයා මේ පළමු ගාථාව පැවසුවා.

(1). යමෙක් කයින් කිසි වරදක්
- කාටවත් ම නොකරයි නම්
වචනයෙනුත් බොරුවක් ඔහු
- කිසිවිටෙකත් නොකියයි නම්
යස පිරිවර ලැබුන විටදි
- එයින් මත් නොවී ඇත් නම්
ඔහු නම් කක්කාරු කුසුම්
- පළඳින්නට ලබයි සුදුසුකම්

ප්‍රධාන දෙවියාගේ මේ කතාව ඇසූ එතැන සිටිය පුරෝහිත බමුණා මෙහෙම සිතුවා. "ඔය කියන ගුණ එකක්වත් මට නෑ. නමුත් මෙතැනදි බොරු කියලා මේ මල් කළඹ මං ඉල්ලාගෙන හිස පළඳින්ට ඕනෑ. එතකොට මහජනතාව මට මහත් ගරුසරු කොට සලකන්ට පටන් ගනීවි" කියලා සිතා මහජනකාය මැද මෙහෙම කිව්වා.

"අනේ පින්වත් දෙවිය... ඔය කියන සෑම ගුණයක් ම මා ළඟ තියෙනවා. එනිසා ඔය කළඹ මට දෙන්ට."

එතකොට ප්‍රධාන දෙවියා ඒ මල් කළඹ ඔහුට දුන්නා. ඔහු එය හිස පැළඳගෙන දෙවෙනි දෙවියා පැළඳ සිටි මල් කළඹත් ඉල්លුවා. එතකොට ඒ දෙවියා මේ දෙවෙනි ගාථාව කිව්වා.

(2). **යමෙක් ඉතා සාධාරණ**
- ලෙසට ධනය උපයයි නම්
වංචාවෙන් හොර බොරුවෙන්
- අන් වස්තුව නොගනියි නම්
ධන සම්පත් ලැබුනු විටදී
- එයට මත් නොවන්නේ නම්
ඔහු නම් කක්කාරු කුසුම්
- පළඳින්නට ලබයි සුදුසුකම්

එතකොට පුරෝහිතයා තමන්ට ඔය කියන ලද සෑම ගුණයක් ම තියෙනවා කියා එයත් ඉල්ලාගෙන හිස පැළඳගත්තා. තුන්වෙනි දෙවියාගෙනුත් පැළඳ සිටි මල් කළඹ ඉල්លුවා. එතකොට ඒ දෙවියා මේ තුන්වෙනි ගාථාව කිව්වා.

(3)

යමෙකුගෙ සිත කහ තැවරුනු කලක සෙයින්
- පවතින සෙනෙහස ඇතිනම්
අසන බණට පහදා සිත
- සුළු දෙයටත් කම්ඵල අදහා ඇති නම්
අනුන් හට නොදී කිසි විට
- තනිවම රස බොජුන් නොකයි නම්
ඔහු නම් කක්කාරු කුසුම්
- පළඳින්නට ලබයි සුදුසුකම්

එතකොට පුරෝහිතයා ඒ ගුණයනුත් තමන්ට තියෙනවා ය කියලා ඒ මල් කළඹත් ඉල්ලාගෙන හිස පළඳාගත්තා. සතරවෙනි දෙවියා පැළඳගත් මල් කළඹත් ඉල්ලුවා. එතකොට ඒ දෙවියා මෙහෙම කිව්වා.

(4). උතුමන් මුණ ගැසුන විටත්
- ඔවුන් නොසිටිනා තැනදිත්
ඒ උත්තම මිනිසුන් හට
- යමෙක් අපහාස නොකරයි නම්
කියන දේ ම කරන කෙනා
- කරනා දෙය කියන කෙනා
ඔහු නම් කක්කාරු කුසුම්
- පළඳින්නට ලබයි සුදුසුකම්

පුරෝහිතයා තමන් තුළ ඒ ගුණත් තියෙනවා ය කියා සතරවැනි දෙවියා හිස පැළඳ සිටි මල් කළඹත් ඉල්ලාගෙන තමන්ගේ හිසේ පැළඳගත්තා. ටික වේලාවකින් අර දිව්‍යපුත්‍රයන් සතර දෙනා එතැන ම නොපෙනී ගියා. ඒ දෙවිවරුන් නොපෙනී ගිය මොහොතේ ම පුරෝහිතයාට කිසිසේත් උහුලාගන්ට බැරි මහා හිස රුජාවක් හටගත්තා. තියුණු ආයුධයකින් හිසට පහර දී මඩිනවා වගේ, ගිනි ගත් යකඩ පට්ටමකින් හිස තදවෙලා තියෙනවා වගේ දරුණු හිසේ කැක්කුමක් හටගත්තා.

පුරෝහිතට වේදනාව උසුලාගන්ට බැරිව බිම පෙරලි පෙරලී මහා ලතෝනි දෙමින් හූ කිය කියා කෑ ගසන්ට පටන් ගත්තා. එතකොට රජ්ජුරුවොයි මහජනයයි පුරෝහිතව වටකරගෙන "ඔය මොකද වුනේ?" කියා ඇසුවා. "හනේ හපොයි... අයියෝ... මං ළඟ නැති ගුණ තියෙනවා ය කියලා මං බොරු කියලා දිව්‍ය පුත්‍රයන්ව

රවටාගෙනයි මේ මල් කළඹ ඉල්ලාන හිස පැළඳගත්තේ. අයියෝ... අනේ මේ සතර මල් කළඹ මගේ හිසෙන් ඉවත් කර දමාපල්ලා" කියමින් කෑ ගසන්ට පටන් ගත්තා. මිනිස්සු ඒ සතර මල් කළඹ පුරෝහිතගේ හිසින් ගලවන්ට කොතෙක් මහන්සි ගත්තත් යකඩ පට්ටම් සවි කළා වගේ හිසට ම ඇලී තිබුනා.

එතකොට මිනිස්සු වේදනාවෙන් විලාප තියමින් සිටින ඔහුව ගෙදරට ඔසොවාගෙන ගියා. දැන් මොහුට සත් දවසක් ම කෑමක් බීමක් නෑමක් නිදීමක් මොකවත් නෑ. උහුලාගත නොහැකි වේදනාවෙන් විලාප තබමින් සිටිනවා. රජ්ජුරුවෝ මේ ගැන කතා කරන්ට ඇමතිවරු රැස් කළා.

"අමාත්‍යවරුනි, මේ දුස්සීල පුරෝහිතයා ඔහොම දිගටම හිටියොත් ඕකෙන්ම මැරිලා යාවි. දැන් අපි මොකදෑ කරන්නේ?"

"දේවයන් වහන්ස, අපි හතික ආයෙමත් උත්සවයක් පවත්වමු. එතකොට දෙවිවරු ආයෙමත් මෙහෙ ඒවි. අපි උන්නාන්සේලාගෙන් මේකට විසඳුමක් ගම්මු."

රජ්ජුරුවෝ ආයෙමත් උත්සවය සංවිධානය කළා. කලින් වගේම දිව්‍ය පුත්‍රයෝ සතරදෙනාත් මුළු බරණැස් නගරය ම සුවඳින් කුල්මත් කරවාගෙන කක්කාරු මල් කළඹ පැළඳගත් හිසින් යුතුව ඇවිත් රාජාංගනේට ඉහළින් ආකාසේ සිටගත්තා.

උසුලාගත නොහැකි වේදනාවෙන් වැලපෙන පුරෝහිත බ්‍රාහ්මණයාව ඔසොවාගෙන ඇවිත් ඒ දෙවිවරුන්ට පේන්ට උඩුබැලි අතට හාන්සි කෙරෙව්වා.

පුරෝහිතයා සිහි විකලෙන් වගේ දෑත් ඔසොවාගෙන "අනේ උතුම් දෙවිවරුනේ... මගේ පණ කෙන්ද රැකදෙන්ට" කියලා කෑ ගසා ඉල්ලා සිටියා.

"එම්බල දුසිල් තැනැත්ත... තෝ පාපී ගතිගුණවලින් යුක්තව සිට තොපට කිසිසේත්ම උරුම නැති දිව්‍යපුෂ්පයන් දෙවියන්වත් රවටා ගන්ට ඕනෑය කියන අදහසින් නේද ඕක කරගත්තේ? අහෝ... තොපගේ බොරුව නිසා ලබාගත් ඵලය මෙය නේද?" කියා මහජනයා ඉදිරියේ ම ගරහා ඔහුගේ හිස පැළඳ සිටි සතර මල් කළඹ හිසින් බැහැර කොට මහජනයාට අවවාද කොට නොපෙනී ගියා.

මහණෙනි, එදා දෙවිවරුන්ව මුළාකොට දිව්‍ය මල් හිස පළඳින්ට සිතාගෙන කටයුතු කොට මහා දුකකට පත් පුරෝහිත බමුණාව සිටියේ දේවදත්ත. එදා එතැනට ආ දෙව්පුතුන් සිව්දෙනාගෙන් එක්කෙනෙක් අපගේ මහාකස්සප. අනිත් කෙනා අපගේ මහාමොග්ගල්ලානයෝ. අනිත් කෙනා අපගේ සාරිපුත්තයෝ. එතැනට ආ ජ්‍යෙෂ්ඨ දිව්‍ය පුත්‍රයාව සිටියේ මම" යි කියා භාග්‍යවතුන් වහන්සේ මේ ජාතකය නිමවා වදාළා.

07. කාකාතී ජාතකය

කාකාතී දේවියගේ කතාව

පින්වතුනේ, පින්වත් දරුවනේ,

අපගේ භාග්‍යවතුන් වහන්සේ බුද්ධ ශාසනය පිහිටුවා වදාළේ සසරේ දුක් විඳිමින් සැරිසරා යන සත්වයන්ට ඒ සසර දුකින් නිදහස් වීම පිණිසයි. සංසාර දුකින් නිදහස් වීම පිණිස කළ යුතු දෙය නම් චතුරාර්ය සත්‍ය ධර්මය අවබෝධ කරගැනීමයි. එනම් දුක නම් වූ ආර්ය සත්‍යයක් තියෙනවා. මේ දුක ඉබේ හටගත් දෙයක් නොවේ. දෙවි කෙනෙකු විසින් මවා දුන් දෙයකුත් නොවේ. තමා විසින් හෝ වෙනත් කවුරු විසින් හෝ උපදවාගත් දෙයකුත් නොවේ. හේතූන් නිසා හටගත් ඵලයකි. දුක උපදවා දුන් හේතුව නම් තෘෂ්ණාවයි. ඒ තෘෂ්ණාව නමැති හේතුව නැති කළ විට දුක නමැති ඵලය නැති වෙනවා. එය දුකින් නිදහස් වීම හෙවත් නිවනයි. ඒ නිවන අත්දැකිය යුතු ආර්ය සත්‍යයකි. ඒ සඳහා පුරුදු පුහුණු කළ යුතු මාර්ගයක් තිබේ. එය ආර්ය අෂ්ටාංගික මාර්ගය යි.

ඉතින් එදා සියලු දෙනාම පාහේ බුදුසසුනේ පැවිදි වුනේ මේ ආර්ය අෂ්ටාංගික මාර්ගය පුරුදු කොට චතුරාර්ය සත්‍ය අවබෝධ කොට සසර දුකින් එතෙර වීම පිණිසයි. එහිදී ඒ කෙනාට ඇති ලොකුම බාධාව ඇති

වන්නේ තෘෂ්ණාව නිසයි. එයින් වන අනතුරු වළක්වා ගැනීම පිණිස භාග්‍යවතුන් වහන්සේ ඉන්ද්‍රිය සංවරය ඇති කරගැනීමට භික්ෂූන්ට නිතර අවවාද කොට වදාළා. නමුත් ඇතැම් භික්ෂූන් ඉන්ද්‍රිය සංවරය ඇති කරගැනීමට දක්ෂ වුනේ නෑ. එතකොට වෙන්නේ තමාත් නොදැනීම කෙලෙස්වලට යටවීමයි. එවිට ඒ භික්ෂූන්ට ධර්මයේ හැසිරීමේ සතුට නැතිවෙනවා. ආයෙමත් ගිහි ජීවිතේට යන්ට තෘෂ්ණාව ඇතිවෙනවා. සිවුරු හැර ගිහි වෙලා සසර බන්ධනයට තවතවත් බැඳී යනවා. එවන් අවස්ථාවලදී භාග්‍යවතුන් වහන්සේගේ මැදිහත්වීමෙන් ඔවුන්ගේ සිත ඇඳී ගිය අරමුණුවල ඇති නියම ස්වභාවය පහදා දී එයින් මුදවා නැවතත් ධර්මයට යොමු කරගන්නවා. මෙය එබඳු කතාවක්.

ඒ දිනවල අපගේ භාග්‍යවතුන් වහන්සේ වැඩ වාසය කළේ සැවැත් නුවර ජේතවනයේ. ඔය කාලේ සැවැත් නුවර තරුණයෙක් ඉතාමත් ශ්‍රද්ධාවෙන් යුක්තව බුදු සසුනෙහි පැවිදි වුනා. නමුත් ඉතා ඕනෑකමින් යුක්තව ඉන්ද්‍රිය සංවරයෙහි පිහිටා සිටීමේ දක්ෂතාවයක් මේ භික්ෂුවට තිබුනේ නෑ. දවසක් මොහු පිඬු සිඟා යද්දී ඉතා හැඩරුවට හැඳපැළඳගත් ස්ත්‍රියක් දැක ගන්නට ලැබුනා. ඇසින් ඒ අරමුණු දුටු පමණින් මේ භික්ෂුවගේ සිත එයට වසඟ වුනා. ඒ ගැන ම කල්පනා කළා මිසක් සතිපට්ඨානය වැඩුවේ නෑ. අන්තිමේදී මොහුට කිසිම දෙයක් කරගන්ට බැරි විදිහට සිතේ රාගය ම ඇති වෙන්න පටන් ගත්තා. "අනේ මට ධර්මයේ හැසිරෙන්ට පිං මදි. මං ගිහි වෙනවා" කියලා අදහසක් ඇති කරගෙන, සිවුරු හරින්ට තීරණය කොට තමන්ගේ ආචාර්ය උපාධ්‍යායන් වහන්සේලාට සිවුරු පාත්‍රා භාරදෙන්ට ගියා. එතකොට උන්වහන්සේලා

මේ භික්ෂුව භාග්‍යවතුන් වහන්සේ වෙත කැඳවාගෙන ගියා. භාග්‍යවතුන් වහන්සේ ඒ භික්ෂුවගෙන් මෙය අසා වදාළා.

"භික්ෂුව... සිවුරු හරින්ට අදහසක් ඇති වුනාද?"

"එහෙමයි ස්වාමීනී."

"ඇයි ඒ තරමට ම ධර්මයේ හැසිරීම එපා වුනේ?"

"අනේ ස්වාමීනී, මං පිඬුසිඟා යද්දී ලස්සනට සැරසී සිටි ස්ත්‍රියක් දැකගන්ට ලැබුනා. එවේලේ පටන් තමයි සිත අවුල් වුනේ. සිතේ හරියට රාගය ඇතිවෙනවා. හිස තදවෙලා. ගොඩාක් පීඩාවෙන් ඉන්නෙ."

"භික්ෂුව, දැන් ඔබේ සිතේ ආශාව තියෙන්නේ ගිහිවෙලා ස්ත්‍රියක් කරකාරෙට ගන්ට නොවැ. ස්ත්‍රියගේ චපල ස්වභාවය දැන සිටියා නම් ඔය අදහස ඇති කරගන්නේ නෑ. භික්ෂුව, ඉස්සර කාලේ නුවණැතියෝ ස්ත්‍රියක් මුහුද මැද ඇති හිඹුල් රුක් විමානෙක සඟවා ගෙන ආරක්ෂා කරලත් ස්ත්‍රිය රැකගන්ට බැරි වුනා. එහෙම එකේ ඔබ කොහොමද ස්ත්‍රියක් තමන්ගේ වසඟයේ දිගටම පවත්වන්නේ?" කියා මේ අතීත කතාව ගෙනහැර දක්වා වදාළා.

"මහණෙනි, ගොඩාක් ඉස්සර කාලෙක බරණැස්පුරේ බ්‍රහ්මදත් නමින් රජ්ජුරු කෙනෙක් රාජ්‍ය කරමින් සිටි කාලේ මහා බෝධිසත්වයෝ ඒ රජුගේ අග මෙහෙසියගේ කුසේ උපන්නා. පිය රජුගේ ඇවෑමෙන් පස්සේ බරණැස් රජු බවට පත්වුනා. මේ බරණැස් රජුට කාකාතී නමින් අගමෙහෙසියක් ඉන්නවා. ඇ ඉතාමත් රූප ශෝභාවෙන් යුක්ත යි. ඇගේ රූපය මිනිස් සුන්දරත්වය

ඉක්මවා ගිහින් තිබුනා. දිව්‍ය සුන්දරත්වයට ළං වී තිබුනා. දිව්‍ය අප්සරාවියක් කියලයි කෙනෙකුට ඇව දුටු විට සිතෙන්නේ.

දවසක් මහසයුර මැද හිඹුල් වනයේ සිටිය ගුරුළු රාජයෙක් මිනිස් වෙසින් ඇවිත් බරණැස් රජ්ජුරුවෝ සමඟ සූදු ක්‍රීඩාවේ යෙදුනා. ඒ සූදු ක්‍රීඩාව බලන්ට කාකාතී කියන අගමෙහෙසියත් ඇවිත් සිටියා. ඈ දුටු වේලේ පටන් මිනිස් වෙසින් සිටි ගුරුළු රාජයාට පිස්සු වගේ. ඉතින් ගුරුළු රාජයා රහසේ ම කාකාතී දේවිය පැහැරගෙන මහා සයුර මැද තියෙන හිඹුල් වනයට ගෙන ගොස් ගුරුළු භවනේ සැඟවූවා. ගුරුළු රාජයා දැන් කාකාතී දේවිය සමඟ කෙලෙස් රමණයේ යෙදෙනවා.

බරණැස් රජ්ජුරුවෝ දේවිය අතුරුදහන් වීම ගැන මහත් ශෝකයෙන් යුතුව ඇව සොයනවා සොයනවා සොයාගන්ට බෑ. අන්තිමේදී රජ්ජුරුවෝ නටකුවේර නමැති ගාන්ධර්වයෙකුට මෙහෙම කිව්වා. "අනේ බොලේ... මට කොහෝමහරි මයෙ කාකාතී බිසොව සොයාගන්ට ඕනෑ. ඈ දැන් කොහේ හිටියත් මා නැතිව මහා දුකින් දොම්නසින් ඇති. නොකා නොබී, නින්දක් නැතිව හඬ හඬා ඇති. අනේ ඇව සොයාපං."

එතකොට නටකුවේර ගාන්ධර්වයා වැඩේ භාරගත්තා. ඔහු මෙහෙම සිතුවා. 'මට හිතෙන්නේ නම් මේක ගුරුළු රාජයාගේ වැඩක් කියලයි. මං දැක්කා දවසක් ඔය ගුරුළු රාජයා කාකාතී දේවිය දිහා බැලූ පමණින් ම ඒකාගේ දෑස් ලොකු වුනා. දෑස් රතු වෙලා ගියා. රාගයෙන් දැවී ගියා. මේකාගේ ම වැඩක් ය කියලයි මට සිතෙන්නේ... හරි... මං... සොයාගන්නෙං

කෝ...' කියලා රහසේ ම එක්තරා විලක් අසල වූ ඒරක ගස් ගැවසී ගිය වනයේ සැඟවී සිටියා. එතැනට ගුරුළු රාජයා ආ වෙලාවක ගුරුලාට නොදැනෙන්ට උගේ තටු අතරේ සැඟවී ගුරුළු භවනට ගියා. ගිහින් පියාපත් අතරින් රහසේම නික්මුනා. කාකාතී දේවිය සිටිනා තැන සොයා ගත්තා. ගුරුළු රාජයා යනකල් සිට නටකුවේර ගාන්ධර්වයාත් මිනිස් වෙසින් ගිහින් කාකාතී දේවිය සමඟ කෙලෙස් සංසර්ගයේ යෙදෙන්ට පටන් ගත්තා. ආයෙමත් ගුරුළු රාජයාගේ තටු අතර සැඟවී සිට ඒරක වනයට ගුරුළා ආ විට එළියට පැනගත්තා.

එදා බරණැස් රජ්ජුරුවෝ මිනිස් වෙස් ගත් ගුරුළු රාජයාත් එක්ක සූදු කෙළිනවා. නටකුවේර ගාන්ධර්වයා වීණාවක් අතැතිව එතැනට ගිහින් වීණාව වයමින් මේ පළමු ගාථාව පැවසුවා.

(1)

හාහා දැන් ඇගේ සිරුර පුරා දිව්‍ය සුවඳ හමනවා
- සුවඳ හමනවා
ඈ වසනා එතැන සිතට සතුට මවනවා
- සතුට මවනවා
කාකාතී දේවී දුර ඈතක මුහුද මැද්දෙ ඉන්නවා
- ඈතක ඉන්නවා
ඇගේ පහස මතක් වෙවී තවමත් මා සිත යනවා
- ඈ වෙත යනවා

නටකුවේර ගාන්ධර්වයාගේ මේ ගීතය ඇසූ ගමන් මිනිස් වෙසින් සිටි ගුරුළු රාජයා කලබල වුනා. 'මේකා හිඹුල් වනයට ගොහින් කාකාතී දේවිය සමග අසද්ධර්මයේ යෙදිලා තියෙනවා එහෙනම්. ඒ කොහොමෙයි එහෙම

කරන්නේ? හිඹුල් වනය තියෙන්නේ ගොඩක් දුර නොවැ. අනික කාකාතී දේවී එහෙ මාත් එක්ක ඉන්න වග මේකා දන්නේ කොහොමෙයි?" කියා සිතා මේ දෙවෙනි ගාථාව කිව්වා.

(2)

කියපං මට තෝ දැන් මෙය හනික කියාපං
කොහොම ද මහා සයුර තරණය කළේ කියාපං
එහෙ තියෙන කේබුක මහා නදියෙන්
- එතෙර වුනේ කොහොමෙයි
සත් මුහුදක් තරණය කොට
- එහෙට ගියේ කොහොමෙයි
හිඹුල් රුකේ ගුරුළු විමානෙට
- තෝ ගියේ කොහොමෙයි

ගුරුළු රාජයාගේ මේ ප්‍රශ්න මාලාවට නටකුවේර ගාන්ධර්වයාට හිනා ගියා. ඔහු හිනහ වෙවී මෙහෙම උත්තර දුන්නා.

(3)

මහාසයුර මං තරණය කෙළේ
- තොපේ තටු අතරේ හිඳගෙනයි
කේබුක මහ නදියෙන් එතෙර වුනේ
- තොපේ තටු අතරේ හිඳගෙනයි
සත් මුහුදක් තරණය කොට එහෙට ගියේ
- තොපේ තටු අතරේ හිඳගෙනයි
හිඹුල් රුකේ ගුරුළු විමානෙට ගියේ
- තොපේ තටු අතරේ හිඳගෙනයි
වෙන කවුරුවත් නොවේ තොප ම යි
- තොප ම යි මා එහි රැගෙන ගියේ

එතකොට ගුරුළුරාජයාට මහා කලකිරීමක් හටගත්තා. 'ෂකේ... මං මේ ගෑණියක් හිඹුල් වනේ ගුරුළු භවනේ සඟවා තියාගෙනත් බේරාගන්ට බැරි වුනා නොවැ... චෑඃ... මගේ මේ තරම් විශාල පියාපත් ඇතිව ඉඳගෙනත් නොදකිං මට වූ දේ!' කියා මහා එපාවීමකින් මේ ගාථාව පැවසුවා.

(4)

නිදකිං මේ විශාල සිරුරක් ඇති ගුරුළු කයට
නිදකිං මේවා නොදන්න මගේ තියෙන මෝඩකොමට
නිදකිං මට මේකව තටු අතරේ
- සඟවාගෙන එහෙ ගියාට
නිදකිං මට නිදකිං මට නිදකිං මට මට

ගුරුළු රාජයාට සූදු සෙල්ලමත් එපා වුනා. කාකාතී දේවියත් එපා වුනා. එදා ගුරුළු භවනට ගිහිං කාකාතී දේවියට මෙහෙම කිව්වා. "හාපෝ... තී මෙහේ හිටියා හොඳටෝම ඇති... මං හිතුවේ තී මෙහේ හිටියේ මාත් එක්ක විතරයි කියලා. මගේ තටු අස්සේ සැඟවී ආ ගාන්ධර්වයෙක් එක්කත් තී නාඩගං නටලා නොවැ. හනේ නිදකිං තී මට" කියලා කාකාති දේවිය එදා ම එක්කරගෙන ඇවිත් මාළිගාවේ තියලා ගියා ගියා ම යි ගුරුළුරාජයා ඊට පස්සේ බරණැස් රාජ්‍යය පැත්ත පළාතේ ආවේ නෑ.

මේ කතාව වදාළ අපගේ භාග්‍යවතුන් වහන්සේ චතුරාර්ය සත්‍යය ධර්මය වදාළා. ඒ ධර්ම දේශනාව අවසානයේ සිවුරු හැර යන්ට සිතා සිටි භික්ෂුව සෝවාන් ඵලයට පත්වුනා.

"මහණෙනි, එදා නටකුවේර ගාන්ධර්වයා වෙලා සිටියේ මේ මහණකමට කළකිරී සිටි භික්ෂුවයි. බරණැස් රජු වෙලා සිටියේ මම" යි කියා භාග්‍යවතුන් වහන්සේ මේ ජාතකය නිමවා වදාළා.

08. අනනුසෝචිය ජාතකය
ශෝක නොවී සිටි තාපසයාගේ කතාව

පින්වතුනේ, පින්වත් දරුවනේ,

අපි ආදරය කරන, බොහෝ සේ ඇලුම් කරන ඉතාමත් ප්‍රියමනාප අයගෙන් වෙන් වෙන්ට සිදුවන අවස්ථා අපට තියෙනවා. යම් හෙයකින් එවැනි අයෙක් මරණයට පත් වුනොත් උසුලාගත නොහැකි ශෝකයක්, දුකක්, කණගාටුවක් අපට ඇති වෙනවා. ඒ වෙනුවෙන් දින, සති, මාස, අවුරුදු ගණන් හඬ හඬා ඉන්න අයත් අපට දකින්ට ලැබෙනවා. මෙයත් එබඳු කතාවක්.

ඒ දිනවල අපගේ භාග්‍යවතුන් වහන්සේ වැඩ වාසය කොට වදාළේ සැවැත් නුවර ජේතවනයේ. ඔය කාලේ සැවැත් නුවර එක්තරා යුවලක් ඉතාමත් ආදරයෙන් යුක්තව වාසය කළා. හදිසියේ ඇති වූ අසනීපයක් හේතුවෙන් ප්‍රිය බිරිඳ මරණයට පත්වුනා. සිය බිරිඳගේ මරණයත් සමග සැමියා කියාගත නොහැකි තරම් ශෝකයකට පත් වුනා.

බිරිඳගේ අවසන් කටයුතු කළ දා පටන් ඔහු හැමදාම සොහොනට ගිහින් බිරිඳ ආදාහනය කළ තැන වාඩිවී හඬ හඬා සිට ගෙදර එනවා. දැන් මොහුට කෑමක්, බීමක්, නෑමක්, හිසරැවුල් පීරා ගැනීමක්, අළුත් වස්ත්‍රයක් හැඳීමක් කිසිවක් ම ඕනෑ නෑ. බිරිඳ ගැන ම සිත සිතා ලතැවී ඉන්නවා.

එදා භාග්‍යවතුන් වහන්සේ හිමිදිරි පාන්දර මහාකරුණා සමාපත්තියට සමවැදී ධර්මාවබෝධයට පින් තියෙන අය කවුරුදැයි බලා වදාළා. එතකොට සිය බිරිඳ මළ ශෝකයෙන් හඬා වැලපී සිටින මේ තැනැත්තාව භාග්‍යවතුන් වහන්සේට පෙනී ගියා. ඇත කන්දක ඇති කුටියක දැල්වූ පහන් එළියක් සේ සෝවාන් ඵලයට පත් වීමේ පින මොහු තුළ ඇති බව හොඳින්ම පෙනී ගියා.

ඉතින් මහා කාරුණික වූ අප භාග්‍යවතුන් වහන්සේ එදා පිණ්ඩපාතේ වැඩම කොට දන් වළඳා සවස් යාමයේ තවත් භික්ෂුවක් පසු ශ්‍රමණයා ලෙස කැඳවාගෙන අර උපාසකගේ නිවසට වැඩම කළා. පනවන ලද ආසනයේ වැඩ සිටියා. අර උපාසකයාත් භාග්‍යවතුන් වහන්සේට වන්දනා කොට දෑසේ පුරවාගත් කඳුළින් යුක්තව බිම බලාගෙන වාඩි වී සිටියා. භාග්‍යවතුන් වහන්සේ ඔහුගෙන් මෙසේ අසා වදාළා.

"ඇයි... උපාසක... බලවත් වූ ශෝකයෙන් යුක්තව වාසය කරන්නේ?"

"අනේ ස්වාමීනී භාග්‍යවතුන් වහන්ස, මගේ සැප දුක් බලාගෙන මාත් සමග ආදරයෙන් වෙලී සිටි මාගේ බිරින්දෑ මළා නොවැ. මට ඇ මතක් වෙනවා හැම තිස්සේ ම. ඒ මතක් වෙන ගානේ මයෙ හදවත ශෝකයෙන් දැවෙනවා ස්වාමීනී."

"උපාසක.... ලෝකයේ කැඩී බිඳී වැනසී යන බොහෝ දේ තියෙනවා. ඒවා අතර මේ ඇස, කන, නාසය ආදියෙන් යුක්ත වූ සිරුරත් කැඩී බිඳී වැනසී යන ලෝ දහමට අයත් දෙයක්. මේ සිරුර සීතලෙනුත් වැනසී යනවා. උෂ්ණයට හසුවීමෙනුත් වැනසී යනවා. වාතයට

හසුවීමෙනුත් වැනසී යනවා. ජලයට හසුවීමෙනුත් වැනසී යනවා. සතුන්ගේ අනතුරුවලිනුත් නැසී යනවා. වස විසෙනුත් නැසී යනවා. ලෙඩ රෝගයෙනුත් නැසී යනවා. අන්‍යයන්ගේ උපක්‍රමයෙනුත් නැසී යනවා. ඒක වලක්වන්ට පුළුවන් කෙනෙක් ලෝකයේ නෑ. හටගත් දෙය නැසී යාම එහි තියෙන ලක්ෂණය නොවැ. ඉස්සර වාසය කළ නුවණැති උදවිය තමන්ගේ ආදරණීය බිරිඳ මිය ගිය වේලේ 'අහෝ බිඳෙන දේ බිඳී යාම කොහොම වළක්වන්ට ද' කියා සිත හදාගත්තා. මිය ගිය බිරිඳ ගැන සිත සිතා හඬා වැලපෙන්ට ගියේ නෑ.

"අනේ ස්වාමීනී... ඒ නුවණැති කෙනා සිය බිරිඳ මිය ගිය වේලේ ශෝක නොවී සිටියේ කොහොමද කියා ඒ කතාව කියාදෙන සේක්වා" කියා ඒ උපාසක භාග්‍යවතුන් වහන්සේගෙන් ඉල්ලා සිටියා. භාග්‍යවතුන් වහන්සේ මේ අතීත කතාව ගෙනහැර දක්වා වදාළා.

"උපාසක, ගොඩාක් ඉස්සර කාලෙක බරණැස්පුරේ බ්‍රහ්මදත්ත නමින් රජ්ජුරු කෙනෙක් රාජ්‍ය කරමින් සිටියා. ඔය කාලේ මහාබෝධිසත්වයෝ බ්‍රාහ්මණ පවුලක උපන්නා. නිසි වයසේදී තක්සිලාවට ගිහින් සියලු ශිල්ප ශාස්ත්‍ර ඉගෙනගෙන ඇවිත් මව්පියන් ළඟ වාසය කළා. මේ ආත්මයේ බෝධිසත්වයෝ කුඩා අවධියේ සිට ම අධිෂ්ඨාන කරගෙන සිටියේ බ්‍රහ්මචාරීව වාසය කිරීමට යි. නමුත් දෙමාපියන්ගේ කැමැත්ත වුනේ තමන්ගේ එකම දරුවා විවාහ ජීවිතයකට ඇතුළත් කිරීමට යි. බෝධිසත්වයෝ සිය දෙමාපියන්ට මෙහෙම කිව්වා.

"අනේ මෑණියනි, පියාණනි, මට කරදර කරන්ට එපා. මට නිදහසේ ඉන්ට දෙන්ට. මං කිසිසේත්ම ගිහි

ජීවිතයක් ගත කරන්ට සතුටු නෑ. මගේ එකම කැමැත්ත තියෙන්නේ පැවිදි ජීවිතයකට යි. ඔයාලාට උපස්ථාන කරගෙන මගේ පාඩුවේ මං ඉන්නං. ඔයාලාගෙන් පස්සේ මං පැවිදි වෙනවා."

"අනේ පුත්‍රය, එහෙම කරන්ට එපා. අපගේ බ්‍රාහ්මණ පරපුර එහෙම වුනොත් ඔයාගෙන් පස්සේ අවසන් වේවි. අපේ මේ කැමැත්ත ඔයා අහක දාන්ට එපා" කියලා මේ බ්‍රාහ්මණ යුවළ තමන්ගේ පුත්‍රයාට නිතරම ඇවිටිලි කරන්ට පටන් ගත්තා. බෝධිසත්වයෝ සිය මාපියන්ගෙන් බේරෙන්ට බැරිම තැන රත්‍රන් වැඩ කරන මිනිසුන් ලවා දිව්‍ය රූපය පරදවන තරමට ශෝභා ඇති රන් රුවක් කෙරෙව්වා. 'මේ විදිහේ කුමාරිකාවක් ලැබුනෝතින් මං සහේට ගන්නම්' කියා කිව්වා.

එතකොට දෙමාපියෝ ගොඩාක් සතුටු වුනා. "හා... අපේ පුත්‍රයා මහා පිනැතියෙක් නොවැ. මේ දඹදිව් තලේ කොහේ හරි කොනක මෙවැනි රූපශ්‍රීයෙකින් හෙබි කුමාරිකාවක් ඉන්ට ඕනෑ ම යි" කියලා සේවකයන් ලවා යානාවක නංවා මෙවැනි උතුම් රූ සිරි දරණ බ්‍රාහ්මණ කුමාරිකාවක් සොයාගෙන එන්ට කියා බොහෝ ධනය දී පිටත් කෙරෙව්වා.

ඔය කාලේ බ්‍රහ්ම ලෝකයෙන් චුත වූ මහා පින් ඇති සත්වයෙක් කසී රටේ බ්‍රාහ්මණ පවුලක බ්‍රාහ්මණ කුමාරිකාවක් වෙලා ඉපදිලා සිටියා. ඇගේ නම 'සම්මිල්ලභාසිනී'. මේ වෙද්දී ඇට වයස දහසයයි. ඈ රන්වන් පාටින් බැබලුනා. මිනිසුන්ගේ රූප සෝභාව ඉක්ම ගිය, දෙව්සිරියට ළං වූ, දුටු දුටුවන්ගේ නෙත් සිත් ඇදගන්නා, කිණිහිරි මල් මාලාවක් ලෙලදෙන සෙයින්

ඈ විස්මිත රුවකින් යුතු වුනා. නමුත් ඈ තුළ කිසි පිරිමියෙකු ගැන කෙලෙස් සිතක් උපන්නේ නෑ. නිත්‍ය බ්‍රහ්මචාරිනියක්වයි සිටියේ.

රන්රුව රැගත් පිරිස මේ කාසි රටටත් පැමිණියා. ඒ රන්රුව දුටු මිනිස්සු මෙහෙම කිව්වා. "භානේ... මේ බලාපල්ලා... මේං... හරිම ලස්සන ස්ත්‍රී රූපයක්. මේ රූපය හරියටම සම්මිල්ලභාසිනී කුමාරිගේ වාගෙ ම යි."

"නෑ... නෑ... මේ රන් රුව කොහොමෙයි ඈට වඩා ලස්සන වෙන්නේ... ඈ දෙස බලා සිටිද්දී අපට අපේ දෑස් වෙනත් දේකට යොමු කරන්ට බෑ. ඈ දෙස ම යි බලන්ට සිතෙන්නේ. ඈ ඇස් පිය හෙලද්දී... ඇස් කරකවා බලද්දි... කෙස්රොද හදද්දි... ඈ ඇවිද යද්දි... ඈ අත්පා සොලවද්දි මොනතරම් ලාස්සන ද! මේ... මොකක්ද!" එතකොට අර මිනිස්සු විපරම් කළා. "අනේ පින්වත්නි, කව්ද ඒ සම්මිල්ලභාසිනී කීවේ? ඈ කොහේද ඉන්නේ? ඈ කාගේ කව්ද?"

"ඈ අසවල් බ්‍රාහ්මණ මහාසාර කුලයට අයත් නිවසේ ඉන්නේ. ඈට තමයි අසූකෝටියක මහාධනයත් අයිති. ඈ රාජකන්‍යාවක් වගේ බොහෝම ගරුසරු ඇතිව ඉන්නේ."

මිනිස්සු රන්රුවත් අරගෙන ඒ බ්‍රාහ්මණයාගේ නිවස සොයාගෙන ගියා. ඒ බ්‍රාහ්මණයාත් විස්තර අසා තමන්ගේ දියණිය කැඳවා මේ අදහස කියා සිටියා. "අනේ මෑණියනි, පියාණනි, මම ගිහි ජීවිතයක් ගත කරන්ට ටිකාක්වත් ආසා නෑ. මං ආසා මේ ජීවිතයේ දිගටම බ්‍රහ්මචාරීව ඉන්ටයි. ඉතින් මං ඔයාලගේ ඇවෑමෙන් පස්සේ කොහේහරි අසපුවකට ගොහින් පැවිදි වෙනවා."

ඒ බ්‍රාහ්මණ දෙමව්පියෝ දියණියගේ අදහසට කැමති වුනේ නෑ. ඔවුන් රන්රුව භාරගත්තා. දෙපක්ෂයේ ම දෙමාපියෝ දරුවන්ගේ විවාහ මංගල්ලේ සූදානම් කළා.

බෝධිසත්වයන්ගේත් සම්මිල්ලභාසිනියගේත් බලවත් අකැමැත්ත මත මංගල කටයුතු කරවා දුන්නා. කසාද බැන්ද දා පටන් දෙන්නාට දෙන්නා මහත් ආදරයෙන් උන්නා. නමුත් එක ගෙයි එක යහන් ගබඩාවේ වාසය කළත් එක සයනේ සැතපුනත් දෙන්නාට දෙන්නා තමන්ගේ බඹසර සිල් කිලිටි කරගත්තේ නෑ. එකිනෙකා කෙරෙහි සරාගී සිතක් උපදවා ගත්තේ නෑ. පිරිසිදු උපසම්පදා සීලය රකින භික්ෂූන් දෙනමක් වගේ, උග්‍ර තපස් ඇති බ්‍රාහ්මණවරු දෙන්නෙක් වගේ මේ දෙන්නා සතුටින් වාසය කළා.

කලක් යද්දී බෝධිසත්වයන්ගේ මව්පියෝ කලුරිය කළා. ඔවුන්ගේ අවසන් කටයුතු කළ බෝධිසත්වයෝ සම්මිල්ලභාසිනී කැඳවා මෙහෙම කිව්වා. "මා ප්‍රිය සොඳුරී... මා ළඟත් අසූ කෝටියක ධනය තියෙනවා, ඔයා ළඟත් අසූ කෝටියක් ධනය තියෙනවා. මේ සියලු ධනය පරිහරණය කරමින්, මේ සේවක ජනයා පාලනය කරමින් ඔයා මේ ගෙදර ඉන්ට. මං පැවිදි වෙන්ට යනවා."

"අනේ මාගේ ආර්යපුත්‍රය... ඔයා පැවිදි වෙන එකේ මං කොහොමෙයි කොහෙත්ම අසතුටු මේ ගිහි ජීවිතේ රැඳෙන්නේ? මාත් පැවිදි වෙනවා. ඉතින් අපි දෙන්නාම පැවිදි වෙමුකෝ."

ඉතින් ඒ දෙන්නා තමන්ගේ සියලු ධනය දන් දුන්නා. අලුයම බැහැර ලූ කෙළ පිඬක් සෙයින් සියලු සැප සම්පත් අත්හැරියා. හිමාලයට ගියා. දෙන්නාම

තාපස පැවිද්දෙන් පැවිදි වුනා. කුටි දෙකක් හදා ගත්තා. වනමුල් ඵල ආහාරයෙන් යැපෙමින් බොහෝ කාලයක් වාසය කළා. පසු කලෙක මේ දෙන්නා ලුණු ඇඹුල් සෙවීම පිණිස හිමාලයෙන් පහලට බැස්සා. මනුස්සවාසයට ආවා. පිළිවෙළින් චාරිකාවේ ඇවිත් බරණැස් රජ්ජුරුවන්ගේ උයනේ වාසය කළා.

රාජඋයනේ වාසය කරද්දී තාපසියට ඒ ප්‍රදේශයේ ආහාර පානයන් සප්පාය වුනේ නෑ. ඈ ඉතා සියුමැලි නිසා අනුභව කළ ආහාර දිරවාගන්ට බැරිව බඩඑළිය යන්ට පටන් ගත්තා. ඈට අසනීපය දරුණු වුනා. ලේ බඩ යන්ට පටන් ගත්තා. ලෙඩේට ගැලපෙන බේත් සොයා ගන්ට බැරි වීමෙන් ඈ ගොඩාක් දුබල වුනා. එතකොට බෝධිසත්වයෝ ඇවත් වත්තන් කරගෙන බරණැස් නගරයේ දොරටුව අසල අම්බලමට කැඳවාගෙන ආවා. එහි එක් ලෑල්ලක ඇව හාන්සි කරවා දානෙ ටිකක් සොයාගැනීමට පිඬු සිඟා ගියා. ඒ අතර සම්මිල්ලහාසිනී තවුසිය කලුරිය කළා!

දිව්‍යාංගනාවක් වගේ අසාමාන්‍ය රූපශ්‍රීයකින් බැබලීගිය සුන්දර තාපසියක් අම්බලමේ මැරිලා ඉන්නවා කියලා එතැන සිටිය අය කෑ ගසා කියන්ට පටන් ගත්තා. මහජනයා මේ අසිරිමත් රූපය ඇති තවුසිය බලන්ට ආවා. මලානික වූ මලක් වගේ ඈ මැරී සිටින අයුරු දුටු මහජනතාවගේ නෙත් අදහාගන්ට බැරිව ගියා! මහජනයා ඇගේ අප්‍රාණික දේහය වටකොට වාඩිවී දෑත් හිස තබා හඬන්ට පටන්ගත්තා.

"අයියෝ... හනේ.. මේ බලාපල්ලා... දෙව්ලොවින් වෙස් වලාගෙන ඇවිත් තාපසියක් වූ දෙවඟනක් මැරිලා!

හනේ... මේ බලාපල්ලා... මේ තාපසියගේ ලස්සන. අයියෝ... මේ තාපසියගේ පණ බේරාගන්ට කාටවත්ම බැරිවුනා නේ!"

ඔය අතරේ ආහාර සිඟාගෙන ආ බෝධිසත්වයෝ අම්බලමට ඇතුළු වුනා. මිනිසුන්ගේ වැලපෙන හඬින් ඈ මියගොස් ඇති බව වැටහුනා. බෝධිසත්වයෝ නිශ්ශබ්දව ම ඇගේ වැතිරී තිබුණ දේහය ඇති ලෑල්ල කෙළවර වාඩි වී මිශ්‍ර වූ භෝජනය වළඳන්ට පටන්ගත්තා. දන් වළඳා අවසානයේ බෝධිසත්වයෝ නිහඬව ඈ දෙස බලා සිටියා.

"හනේ තාපසින්නාන්ස, කවුද මේ තාපසිය...? ඔබවහන්සේ දන්නා කෙනෙක් ද?"

"ඔව්... මැය ගිහි කාලේ මාගේ බිරිඳ වෙලා සිටියා. අපි දෙන්නා එකට හිමාලෙට ගොහින් තපස් ජීවිතේ ගත කළේ."

"ඉතිං ස්වාමීනී... අපි මේ තාපසිය දැක්කේ අද මේ දැන්... මේ මිය ගිය තාපසිය දැකලා, ඇගේ අදහාගත නොහැකි රූපශෝභාවෙන් යුතු විස්මිත දේහය දැකලා මේ තරම් ලස්සන තවුසියක් ඇයි මිය ගියේ කියා උහුලාගන්ට බැරිව අපි මේ හඬා වැලපෙනවා. මේ ඉන්නේ ඔබවහන්සේගේ ගිහි කාලෙ බිරිඳ! තමන් පැවිදි වුනාට පස්සේ තාපස සොයුරිය. ඉතින් ඔබවහන්සේ නාඬා ඉන්නේ කොහොමද දෙයියනේ?"

"පින්වත්නි, ඈ ජීවමානව සිටිද්දී මගේ ප්‍රිය බිරිඳ ව සිටියා තමයි. ප්‍රිය තවුසියකව සිටියා තමා. දැන් ඈ පරලොව ගියාට පස්සේ මට සම්බන්ධ කිසිවක් මෙතැන

නෑ. වෙනත් ලොවකට ඈ ගියා. මං ඉතින් කුමක් කරන්ට ද! මං හැඬුවා කියා ඇති පලක් තියේ ද?" කියා බෝධිසත්වයෝ මේ ගාථාවන් වදාළා.

(1). මේ ලොව මිය ගොස් ඇති අය -
බොහො සෙයින් ම ඉන්නවා
ඈ දැන් ඒ අතරේ බව -
මං හොඳ හැටි දන්නවා
මා ප්‍රිය සම්මිල්ලභාසිනී -
තවත් මැරෙන ලෝකයකට -
අයිති වෙලා ඉන්නවා
එනිසා ශෝකයක් නැතිව -
මං තනියම හුදෙකලාවෙ ඉන්නවා

(2). තමන්ගේ නැති වූ දේ ගැන -
නිතර නිතර සිහිවෙන විට
ඒ ඒ දේ ගැන සිතමින් -
ලොවේ සියලු දෙන සෝකෙන් ඉන්නවා
ගෙවෙනා මොහොතක් ගානේ -
මරණය වෙත පිය නගනා
තම තමා ගැනත් ඒ අය -
සදා දුක් වෙන්න ම වටිනවා

(3). උපන් සත්වයා ලෝකේ,
සිටගෙන සිටිනා මොහොතේ
- ඔහුගෙ වයස ගෙවීයාම
- නෑ සිටගෙන ඉන්නේ
වාඩිවෙලා සිටින විටදි
- ඔහුගෙ වයස ගෙවීයාම
- නැත වාඩිව ඉන්නේ

සැතපීලා සිටින විටදි
- ඔහුගෙ වයස ගෙවීයාම
- නෑ සැතපී ඉන්නේ
ඔහු ගමනක් යන විටදී
- ඔහුගෙ වයස ගෙවීයාම
- නැත නැවතී ඉන්නේ
ඇස පිය හෙළනා මොහොතෙත්
- ඔහුගෙ වයස ගෙවීයාම
- නොනැවතී ම ගෙවෙනවා

(4). ජීවිතයේ අඩක් ම අපි
- ගෙවා තිබෙන මේ මොහොතේ
අපි කවුරුත් මිය යන බව
- නිසැකව දත යුත්තේ
ජීවත් වෙන උදවිය ගැන
- මෙත් සිත ම යි පතුරාලිය යුත්තේ
මිය ගිය අය ගැන සිතමින්
- ශෝක නොකළ යුත්තේ

ඉතින් බෝධිසත්වයෝ මේ ගාථාවන් පවසා සම්මිල්ලහාසිනී ගැන ශෝක කරමින් සිටි ජනතාව සංසිඳෙව්වා. එතකොට මහජනතාව එක්වෙලා ඇයගේ ආදාහන කටයුතු කළා. බෝධිසත්වයෝ හිමාලයට ගොසින් දිගටම හුදෙකලාවේ භාවනානුයෝගීව වාසය කළා. මරණින් මතු බඹලොව උපන්නා.

භාග්‍යවතුන් වහන්සේ මේ කතාව වදාරා චතුරාර්ය සත්‍ය ධර්මය වදාළා. ඒ ධර්ම දේශනාවේ කෙළවර සිය බිරිඳ මිය ගිය ශෝකයෙන් හඬ හඬා සිටි උපාසක සෝවාන් ඵලයට පත් වුනා. "එදා සම්මිල්ලහාසිනී වෙලා සිටියේ

අපගේ රාහුලමාතාවෝ. ඉවසීමෙන් යුක්තව නිශ්ශෝකීව කටයුතු කළ තාපසයාව සිටියේ මම” යි කියා භාග්‍යවතුන් වහන්සේ මේ ජාතකය නිමවා වදාළා.

09. කාළබාහු ජාතකය

කාළබාහු නමැති වඳුරාගේ කතාව

පින්වතුනේ, පින්වත් දරුවනේ,

මේ කතාවෙන් කියැවෙන්නේ දේවදත්තට ලාභසත්කාර අහිමි වීම ගැනයි.

ඒ දිනවල අපගේ භාග්‍යවතුන් වහන්සේ වැඩ වාසය කොට වදාළේ රජගහනුවර වේළුවනයේ. එදා දම්සභා මණ්ඩපයේ රැස්වූ භික්ෂූන් වහන්සේලා දේවදත්ත ගැන කතා කරමින් සිටියා.

"ඇවැත්නි... බලන්ට... දේවදත්තට කලින් සෑහෙන්ට ලාභ සත්කාර ලැබුනා. වැඩිපුරත් ලාභසත්කාර උපදවාගන්ට ආශාවෙන් තමන්ට තමන්ගේ ම ශාස්තෘන් වහන්සේව අභියෝගයක් හැටියට දැක්කා. ශාස්තෘන් වහන්සේ ගැන අස්ථාන වෛර බැඳගත්තා. ආණ්ඩුවෙන් උදව් අරගෙන ශාස්තෘන් වහන්සේව මරවන්ට දුනුවායන් පිටත් කළා. ඒකත් වැරදුනා. නාලාගිරි ඇතාට රා පොවා පිටත් කළා. ඒකත් වැරදුණා. මේ සෑම දෙයක් ම පිටුපස දෙව්දත් ඉන්නේ කියලා රට්ටු දැනගත්තා. මිනිස්සු දෙව්දත්ට දන් පැන් දීම අත්හැරියා. දැන් දායක පවුල් සොයාගෙන ගිහින් තමන්ගේ රාජවංශෙ හුවාදක්ව දක්වා දන් ඉල්ලා ගන්නවා. හපොයි වෙච්ච දේ."

ඒ අවස්ථාවේ අපගේ භාග්‍යවතුන් වහන්සේ එතැනට වැඩමවා වදාළා. භික්ෂූන් වහන්සේලා තමන් කතා කරමින් සිටි කරුණ භාග්‍යවතුන් වහන්සේට සැළකලා. භාග්‍යවතුන් වහන්සේ මෙසේ වදාළා.

"මහණෙනි, දේවදත්තට ලාභසත්කාර අහිමි වුනේ මේ ආත්මේ විතරක් නොවේ. කලින් ආත්මෙකත් ලාභසත්කාර අහිමි වුනා" කියා මේ අතීත කතාව ගෙනහැර දක්වා වදාළා.

"මහණෙනි, ගොඩාක් ඉස්සර කාලෙක බරණැස් පුරේ ධනංජය නමැති රජ්ජුරු කෙනෙක් රාජ්‍ය කරමින් සිටියා. ඔය කාලේ මහා බෝධිසත්වයෝ රාධ නමැති ගිරවෙක් වෙලා වනාන්තරේක ඉපදිලා උන්නා. මේ රාධට බාල වූ පොට්ඨපාද නමින් තවත් ගිරවෙක් හිටියා. දවසක් වනයට ගිය වැද්දෙකුට මේ ලස්සන ගිරවුන් දෙන්නාව අල්ලාගන්ට පුළුවන් වුනා. ඉතින් ඒ වැද්දා තමන් අල්ලාගත් ගිරවුන් දෙන්නා ගොඩාක් ලස්සන නිසා ඔවුන් අරගෙන ගිහින් බරණැස ධනංජය රජ්ජුරුවන්ට දුන්නා. රජ්ජුරුවෝ මේ ගිරවි දෙන්නාව රන් කූඩුවක දැම්මා. ඔවුන්ට දිනපතා රන් තැටියේ දැමූ මී පැණියි වී පොරියි කන්ට ලැබුනා. උක් සකුරු දියකළ මිහිරි ජලය බොන්ට ලැබුනා. බොහෝ සත්කාර සම්මාන ලැබුනා. මාළිගාවේ කාගෙත් ආදරයට ලක්වුනා.

දවසක් තවත් වැද්දෙක් කළුම කළු මහවඳුරෙක්ව අල්ලාගෙන ඇවිත් ධනංජය රජ්ජුරුවන්ට දුන්නා. එතකොට හැමෝගේ ම අවධානය මේ අලුතින් ගෙනාපු කාළබාහු නමැති වඳුරා වෙත යොමු වුනා. දැන් කවුරුවත් ගිරවුන් දෙස බලන්නේවත් නෑ. ඔවුන්ට කලින් වගේ ආදර කතාබහත් නෑ. සත්කාර සම්මානත් නෑ. ප්‍රණීත ආහාරත්

නෑ. සියලු දෙනා ම කාළබාහු වඳුරාගේ සෙල්ලම් බලන්ට යොමු වුනා. කාළබාහුට ගොඩාක් සැලිකිලි සම්මාන ලැබුනා. සැහෙන්ට කෑම බීම ලැබුනා. කාගේත් සුරතලා බවට පත් වුනා.

මේ වෙනස පොට්ඨපාද ගිරා පැටියාට තදින් දැනෙන්ට ගත්තා. එතකොට ඔහු රාධ නමැති බෝසත් ගිරවාට මෙහෙම කිව්වා. "බලන්ට අයියණ්ඩි, ඉස්සර මෙයාලා කොහොමද අපට සැලකුවේ. අපට නොවැ සෑම රසවත් දෙයක් ම දුන්නේ. දැන් මේ කොහෙන්දෝ වඳුරු තඩියෙක් ගෙනැල්ලා මොකක්ද මේ කරන විගඩම? සෑම සැලකිල්ලක් ම ඒකාට නොවැ. ධනංජය රජ්ජුරුවන්ගෙන් සත්කාර සම්මාන නොලබා අපි අසවල් දේකට නම් මේ කුඩුවකට වෙලා ඉන්නවා ද? අනේ අයියණ්ඩි, මේකුන්ට වඳුරු මොටෙක් එක්ක හුරතල් වෙන්ට තියලා අපි මෙහෙන් නික්මිලා වනේට ගොහිං වසමු නේ... අයියණ්ඩි...?" කියලා මේ පළමු ගාථාව පැවසුවා.

(1)

ඉස්සර නම් අයියණ්ඩි -
අපට හොඳට කන්ට බොන්ට ලැබුනා
මේ මහකළු වඳුරුමොටා ආ දා සිට -
අපට ලැබුනු සියලු දේ ම නැසුනා
දැන් මුන්දැලාට අමතකයි අපි ඉන්නා වග -
වඳුරුමොටා සුරතලා වුනා
ධනංජයට අපි එපා නම් -
අනේ යමු අයියණ්ඩි අපි ඈත වනේ ඈත වනේ

බෝසත් ගිරවා සෑම වෙනසක් ම කිසි කලබලයක් නැතිව ඉවසාගෙන උන්නා. මේ ලෝකයේ තියෙන ලාභ සත්කාර සැප දුක් ආදී හැම දෙයක් ම අනිත්‍ය බව

දැනගෙන සිටියා. නමුත් පොට්ඨපාද ගිරා පැටියා තවම ඒ විදිහට ලොව දකින්ට දක්ෂ නෑ. පොට්ඨපාද ගිරවාගේ මේ ගාථාවට බෝසත් ගිරවා මේ පිළිතුරු ගාථාව කිව්වා.

(2)

පොට්ඨපාද මල්ලියේ -
නුඹ සිතනා ආකාරය එතරම් හොඳ නෑ
ලොවේ තියෙන ලාභ ලැබිලි -
අලාභයෙන් පාඩු විඳිලි
යස පිරිවර සත්කාර ද -
කිසිවෙකු නැති තනිවීම ද
නින්දාව ද අපහාසය ද ගුණ ගායන ප්‍රශංසා ද
කවදාවත් එක විදිහට ලැබෙන්නෙ නෑ ම යි -
මේවා වෙනස් වෙවී යනවා

බෝසත් ගිරවාගේ මේ පිළිතුරු ගාථාව ගැන පොට්ඨපාද ගිරවා සතුටු වුනේ නෑ. තමන්ට සත්කාර නැතිව ගිහින් වඳුරාට සත්කාර ලැබීම ගැන එයා අසතුටින් ඉන්නේ. පොට්ඨපාද ගිරවා මේ ගාථාව කිව්වා.

(3)

ඔන්න ඉතිං අයියණ්ඩී -
නුඹ කියන්ට පටන් ගත්ත නොවැ පණ්ඩිත කතා
අනාගතේ අපි දෙන්නට -
දන්නවා ද මොනවා වේවි දැයි කියා
ඔය ලාමක වඳුරු මොටා -
රජපවුලෙන් පන්නන දා
කවදා සිදුවන්නේ දැයි -
දකින්නට යි මං නං ආසා

එතකොට බෝධිසත්ව ගිරවා මේ ගාථාවෙන් පිළිතුරු දුන්නා.

(4)

පේන්නැද්ද මල්ලියෙ නුඹට -
ඔය කාළබාහු වඳුරා රජමැඳුරේ
කන් සොලවා ඇහි බැම හකුළා -
දත් විලිස්සන සැටී
වැඩියෙන් දඟලන්ට ගොහින් -
තමන් වැඩේ වරද්ද ගන්නවා
ඔය සැලකිලි සත්කාරත් -
තමන් ම නැති කර ගන්නවා

එතකොට පොට්ඨපාද ගිරවා නිශ්ශබ්ද වුනා. කිච්චත් වගේ ම වැඩි දවසක් ගියේ නෑ. පුංචි රාජකුමාරවරු ඉදිරියට ගිය කාළබාහු වඳුරා කන් සොලවා, ඇහි බැම හකුළා දත් විලිස්සාගෙන පැන්නා. කුමාරවරු හොඳටෝම භය වුනා. බෙරිහං දී කෑ ගසා හඬන්ට පටන් ගත්තා. ඒ කලබලේ මොකක්ද කියා බලන්ට රජ්ජුරුවොත් දුවගෙන ආවා. "හාපෝ... මේ මේ... මේ වඳුරාගෙන් කමෙක් නෑ. අද ම මේකාව කැලේට ගොහින් දමාපං" කියා වඳුරාව කැලේට පිටත් කළා.

"හා... මේ ඉන්නේ අපේ ගිරා යාළුවෝ" කියා ගිරවුන් ළඟට ආවා. ආයෙමත් ගිරවුන් දෙන්නාට කලින්ටත් වඩා ආදර සැලකිලි ලැබුනා.

මහණෙනි, එදා කාළබාහු වඳුරා වෙලා සිටියේ දේවදත්ත. පොට්ඨපාද ගිරවා වෙලා සිටියේ අපගේ ආනන්දයෝ. රාධ ගිරවා වෙලා සිටියේ මම" යි කියා භාග්‍යවතුන් වහන්සේ මේ ජාතකය නිමවා වදාළා.

10. සීලවීමංසක ජාතකය
තමන්ගේ සිල්වත් බව විමසූ බ්‍රාහ්මණයාගේ කතාව

පින්වතුනේ, පින්වත් දරුවනේ,

බුද්ධ කාලයේ ජීවත් වූ ඇතැම් අය අමුතු විදියේ පරීක්ෂණ කොට තියෙනවා. මෙයත් එබඳු කතාවක්.

ඒ දිනවල අපගේ භාග්‍යවතුන් වහන්සේ වැඩ වාසය කොට වදාළේ සැවැත් නුවර ජේතවනයේ. ඔය කාලයේ කොසොල් රජ්ජුරුවෝ ළඟ පුරෝහිත බ්‍රාහ්මණයෙක් සිටියා. ඔහුට කවුරුත් ගෞරව සත්කාර සම්මාන දක්වනවා. දවසක් මොහු මෙහෙම සිතුවා. 'ඇත්තෙන්ම මෙයාලා මට මේ සලකන්නේ මං උසස් බ්‍රාහ්මණ කුලයේ උපන් නිසා ද? එහෙමත් නැත්නම් මං ත්‍රිවේදයේ පරතෙරට ඉගෙනගත් මහා උගතෙක් නිසා ද? එහෙමත් නැත්නම් මං සිල්වත් නිසා ද? මේ ලෝකේ සලකන්නේ කුලයට නම්, උගත්කමට නම්, සීලයට නොවේ නම් මට ඒ ගැන දැනගන්ට ඕනෑ.'

මෙහෙම සිතා පුරෝහිත බමුණා දවසක් රාජ උපස්ථානයට ගොහින් එන අතරේ හොරකමක් කරනවා වගේ පෙනෙන්ට රන්කරුවා ළඟින් එක් කහවණුවක් අරගෙන තමන්ගේ මල්ලේ දමාගත්තා. එදා රන්කරුවා මුකුත් කීවේ නෑ. දෙවෙනි දවසේත් ඒක ම කළා. එදාත්

රන්කරුවා මුකුත් කීවේ නෑ. තුන්වෙනි දවසේ රන් කාසිය ගනිද්දී "මේං... මෙන්න... හොරෙක් හොරේක්!" කියලා අර වයසක පුරෝහිත බමුණාව අල්ලා ගත්තා. දැත් පිටුපසට කොට බැඳ කොසොල් රජ්ජුරුවන් ළඟට ගෙන ගියා. රජ්ජුරුවෝ මොහු දැක පුදුමයට පත් වුනා.

"අයියෝ... ආචාර්යපාදයෙනි... මොකක්ද ඔය කළ වැඩේ."

"අනේ රජතුමනි... මං අදත් රන්කාසියක් ගත්තා. ඊයෙත් ගත්තා. පෙරේදාත් ගත්තා. මේං... මේ තියෙන්නේ තුනම... රජතුමනි, මං මේ වැඩේ කිරීමෙන් මට ඕනෑ කළ කාරණාව දැන ගත්තා.

ලෝකයේ සීලයයි උතුම්. පුද්ගලයාගේ ක්‍රියාවෙන් මිස උප්පැත්තියෙන් උතුම් වෙන්නේ නැත කියා ශ්‍රමණ ගෞතමයන් කියනවා මා අසා තිබුනා. ඉතින් මට ඕනෑ වුනේ ඒක ඇත්තක් ද කියා සොයාගන්ට යි. රජතුමනි, අද මට ඒක ඔප්පු වුනා. දැන් බලන්ට, මං උසස් මහාසාර කුලේ උපන් බ්‍රාහ්මණයෙක්. ත්‍රිවේදයෙ පරතෙරට ගිය කෙනෙක්. නමුත් අද මට හොරාය කියා නින්දා අපහාස කොට දැත් පිටුපසට කොට බැඳලා ඔබතුමා ළඟට රැගෙන ආවා. එතකොට මෙතැනදී මගේ උසස් කුලේ, මගේ දැනඋගත්කොම මොකෝවත් වැදගත් වුනේ නෑ. ක්‍රියාව ම යි වැදගත් වුනේ.

රජතුමනි, මං මේ පරීක්ෂණයක් කළා මිස නැති බැරිකොමට සොරකමක් කළා නොවේ. මයෙ ළඟ කෝටි ගණන් වස්තුව තියෙනවා. නමුත් බලන්ට, මගේ ක්‍රියාව ම ඉස්මතු වී ආ හැටි. රජතුමනි, මට මේ උසස් කුලයෙන් වැඩක් නෑ. වේදයෙන් වැඩකුත් නෑ. මට ඕනෑ ක්‍රියාවෙන්

උතුම් කෙනෙක් වෙන්ට යි. මට පැවිදි වෙන්ට අවසර දෙන්ට" කියා ඒ පුරෝහිත බමුණා රාජසේවයෙන් ඉවත් වුණා. ජේතවනයට ගොහින් භාග්‍යවතුන් වහන්සේ ළඟ පැවිදි වුනා. සුළු කලකින් රහතන් වහන්සේ නමක් බවට පත් වුනා.

දවසක් සම්සභා මණ්ඩපයට රැස්වූ භික්ෂූන් වහන්සේලා මේ ගැන කතා කරමින් සිටියා. ඒ අවස්ථාවේ භාග්‍යවතුන් වහන්සේ එතැනට වැඩම කොට වදාළා. භික්ෂූන් වහන්සේලා තමන් කතා කරමින් සිටි කරුණ භාග්‍යවතුන් වහන්සේට සැලකළා. භාග්‍යවතුන් වහන්සේ මෙසේ වදාළා.

"මහණෙනි, ඒ පුරෝහිත බ්‍රාහ්මණයා විතරක් නොවේ, මීට කලින් හිටිය පණ්ඩිතවරුත් සීලය ද උතුම් කියා විමසා බලන්ට ඔය විදිහට ම කරලා තියෙනවා" කියා මේ අතීත කතාව ගෙනහැර දක්වා වදාළා.

"මහණෙනි, ගොඩාක් ඉස්සර කාලෙක බරණැස්පුරේ බ්‍රහ්මදත්ත නම් රජ්ජුරු කෙනෙක් රාජ්‍ය විචාරමින් සිටියා. ඔය කාලේ මහාබෝධිසත්වයෝ ඒ රජ්ජුරුවන්ගේ පුරෝහිත බ්‍රාහ්මණයා වෙලා සිටියා. ඒ පුරෝහිත බ්‍රාහ්මණයාත් හිතාගෙන සිටියේ කෙනෙක් ශ්‍රේෂ්ඨ වන්නේ හෝ නීච වන්නේ හෝ ක්‍රියාවෙන් මිස උපන් කුලෙන් හෝ දැනඋගත්කමින් හෝ ධනධාන්‍යයෙන් හෝ නොවේය කියලයි. ඉතින් ඒ පුරෝහිත බ්‍රාහ්මණයාට මේ අදහස සැබෑවක් ද කියා පරීක්ෂා කොට බලන්ට සිතුනා. දවසක් මොහු රාජසේවයට ගොහින් එන අතරේ රන් බඳුනෙන් රන් කාසියක් අරගත්තා. එය දුටු රන්කරුවා "මේං... හොරෙක් හොරෙක්!" කියා ඔහුව අල්ලාගෙන

දැත් පිටුපසට කොට බැඳගෙන බරණැස් රජු ළඟට ගෙන ගියා. රජ්ජුරුවෝ මෙහෙම ඇසුවා.

"අයියෝ ආචාර්යපාදයෙනි... මොකක්ද ඔය කරගත්තේ?"

"මහරජ... මං මේ පරීක්ෂණයක් කළේ. මට රන්කාසියක් හොරෙන් ගැනීමේ ඕනෑකොමක් නෑ. මට ඕනෑතරම් ධනය තියෙනවා. මයෙ අදහස උනේ පුද්ගලයා නීච හෝ ශ්‍රේෂ්ඨ හෝ වන්නේ ඔහුගේ ක්‍රියාවෙන් මිස ඔහුගේ කුලයෙන් නොවේ කියලයි. මං දැරූ ඒ අදහස හරිය කියා මට ම දැන් ඔප්පු උනා" කියා මේ ගාථාව පැවසුවා.

(1)

සීලය යනු ලොව තිබෙනා - ඉතාම හොඳ දෙයයි
සීලය යනු ලොව තිබෙනා - ඉතා උතුම් දෙයයි
ඝෝර විසැති නාගයා පවා - සිල්වත් වූ විට පමණක්
හිංසාවක් නොකරන සැටි - බලන්ට රජතුමනි

මෙසේ බෝධිසත්වයෝ සීලයට බොහෝ සෙයින් ප්‍රශංසා කළා. රජ්ජුරුවන්ගෙන් පැවිදි වෙන්ට අවසර ලබාගත්තා. පැවිදි වීම පිණිස පිටත්ව ගියා.

ඔය අතරේ මස් කපන තැනකින් මස් වැදැල්ලක් ගත් උකුස්සෙක් අහසට පැන නැංගා. එය දුටු අනිත් උකුස්සෝ අර උකුස්සාව හඹා ගොසින් පා නියවලිනුත් තුඩිනුත් කොටන්ට පටන් ගත්තා. එතකොට වේදනාව උහුලාගන්ට බැරි උකුස්සා මස් වැදැල්ල අත්හැරියා. එතකොට ඒක වෙන උකුස්සෙක් ගත්තා. දැන් උකුසු රෑන මස් වැදැල්ල අත්හැරිය උකුස්සා අතෑරලා මස් වැදැල්ල

ඩැහැගත්ත උකුස්සා පස්සේ පන්නන්ට පටන් ගත්තා. යම් උකුස්සෙක් මස් වැදැල්ල ඩැහැ ගත්තා ද ඒ උකුස්සා අනිත් උකුස්සන්ගේ ප්‍රහාරයට ලක් වුනා. යම් උකුස්සෙක් මස් වැදැල්ල අත්හැරියා ද ඒ උකුස්සා ප්‍රහාරයෙන් නිදහස්ව සුවසේ ගියා.

බෝධිසත්වයෝ මේ උකුසු අරගලය දෙස බලා සිටියා. 'හෝ... මේ ලෝකයේ තියෙන පංච කාම සැපයත් ඔය මස් වැදැල්ල වගේ තමයි. පස්කම් සැපය අල්ලා ගන්නා අය දුකට ම යි පත්වෙන්නේ. පස්කම් සැපය අත්හරිනා අය සුවපත් වෙනවා' කියා සිතා මේ දෙවෙනි ගාථාව පැවසුවා.

(2). උකුස්සා තුඩින් තදකොට
- ඩැහැගත්තා මස් වැදැල්ල
පෙනී අනිත් උකුස්සන්ට
- ආවා නොවැ මොහු පසුපස
නිය පහරින් තුඩු පහරින්
- තදින් පහර දුනි මොහු හට
කිසිවක් නැති කෙනාට ලොව
- නැත්තේ ම ය මේ හිංසා

බෝධිසත්වයෝ මේ දුටු උකුස්සන්ගේ අරගලය නිසා කාමයන් ගැන තවත් කළකිරුණා. එසේ කළකිරී ගිය සිතින් යුක්තව නගරයෙන් නික්මී හිමාලය බලා යන අතරමගදී රෑ බෝ වී ගෙන ආව නිසා එක්තරා ගමක නිවසක නවාතැන් ගත්තා. ඒ ගෙදර පිංගලා නමින් දාසියක් සිටියා. ඈ අසවල් වෙලාවට එන්ට කියා හොර මිනිහෙකුට පණිවිඩයක් යවා තිබුනා. ඉතින් ඈ තමන්ගේ ස්වාමිවරුන්ගේ පා සෝදා ඔවුන් නිදන්ට ගිය විට

එළිපත්තේ වාඩි වෙලා තමන්ගේ පණිවිඩය ලද හොර මිනිසා දැන් ඒ ය, දැන් ඒ ය කියා මග බලාගෙන මහත් අසහනයෙන් සිටියා. ඈ ඒ විදිහට රෑ පළමු යාමයත්, මැදියම් යාමයත් මග බලාගෙන සුසුම් හෙළ හෙළා සිටියා. මැදියම් කාලය ගෙවී ගොස් පැසුළුයම් කාලය උදා වුනා. එතකොට ඒ සියලු ආසා සිතින් අත්හැර ගොහින් පැදුරේ දිගා වුනා. මොහොතකින් ඈ සැප නින්දකට වැටී ගොරවමින් නිදාගන්ට වුනා.

බෝධිසත්වයෝ මේ දෙස බලාගෙන හිටියා. 'මේ දාසී හොර මිනිහා දැන් ඒ ය කිය කියා දැඩි ආශාවෙන් දුක් විඳ විඳ මග බලාගෙන වාඩිවෙලා හිටියා. දැන් ඈ දන්නවා ඒකා එන්නේ නැත කියා. කෙලෙසුන් ගැන තිබූ ආසාව නිසා ඈ දුක සේ සිටියා. පස්සේ ඒ ආසාව නැති වුනා. ඊට පස්සේ ආසාව අත්හැර ගොහින් පැදුරේ දිගා වී සුවසේ නිදියනවා නොවැ!' කියා සිතා මේ තුන්වෙනි ගාථාව පැවසුවා.

(3)

ආසාවක් නැති කෙනාට සැප නින්දකි ඇත්තේ
ආසා දේ ලැබුනු විටත් සැපයක් ම ය ඇත්තේ
ආසා කළ දේ නොලැබෙන බව දුටු පිංගල දාසී
ඒ ආසා නැති කරගෙන සැපසේ නිදියන්නී

ඉතින් බෝධිසත්වයෝ පසුවදා උදේ ඒ ගමෙන් පිටත් වුනා. වනාන්තරයට ආවා. වනාන්තරේ ඈත කුටියක් තියෙනවා දැකලා එතනට ආවා. එතකොට එළිමහනේ රුක් සෙවනේ එක් තාපසයෙක් භාවනානුයෝගීව සුවසේ සිටිනවා දැක්කා. දැකපු ගමන් තමන්ගේ සිතට මහත් වූ ප්‍රීතියක් හටගත්තා. මේ ගාථාව පැවසුවා.

(4).   සිතක සමාධිය ඇති බව -
              කොතරම් උත්තම දෙයක් ද
       මට නම් මේ ලෝකේ හෝ -
              වෙනත් ලොවේ කොතැනක හෝ
       ධ්‍යානයෙන් ලැබෙන සැපට වඩා -
              උතුම් සැපක් නම් නැත්තේ
       තමාටවත් අනුන්ටවත් හිංසා නොකරනවා ම යි -
              සමාධි සිත් ඇති කෙනා

ඉතින් මහණෙනි, බෝධිසත්ත්වයෝ වනයට ගොහින් සෘෂි පැවිද්දෙන් පැවිදි වුනා. භාවනානුයෝගී ජීවිතයක් ගෙවන්ට පටන් ගත්තා. ටික කාලයකින් ධ්‍යාන අභිඥා සමාපත්ති උපදවා ගත්තා. මරණින් මතු බ්‍රහ්මලෝකයේ උපන්නා.

මහණෙනි, එදා සිල් උතුම් ය යන කරුණ විමසූ තාපසයාව සිටියේ මම" යි කියා භාග්‍යවතුන් වහන්සේ මේ ජාතකය නිමවා වදාළා.

තුන්වැනි කුටිදූසක වර්ගය යි.

මහාමේඝ ප්‍රකාශන

www.ingramcontent.com/pod-product-compliance
Lightning Source LLC
Chambersburg PA
CBHW070552030426
42337CB00016B/2460
* 9 7 8 9 5 5 6 8 7 1 5 6 2 *